山西大学乡村振兴培训系列教材

马 华 主编

U0612713

农业品牌
培育方法论

毛志勇 易 旸 ◎ 著

中国农业出版社

北 京

图书在版编目（CIP）数据

农业品牌培育方法论/毛志勇，易旸著.—北京：中国农业出版社，2022.6

山西大学乡村振兴培训系列教材/马华主编

ISBN 978-7-109-29817-0

Ⅰ.①农…　Ⅱ.①毛…②易…　Ⅲ.①农产品–品牌战略–中国–教材　Ⅳ.①F326.5

中国版本图书馆CIP数据核字（2022）第145251号

农业品牌培育方法论
NONGYE PINPAI PEIYU FANGFALUN

中国农业出版社出版

地址：北京市朝阳区麦子店街18号楼

邮编：100125

责任编辑：郭　科

版式设计：杜　然　责任校对：周丽芳　责任印制：王　宏

印刷：北京通州皇家印刷厂

版次：2022年6月第1版

印次：2022年6月北京第1次印刷

发行：新华书店北京发行所

开本：710mm×1000mm　1/16

印张：12.5

字数：250千字

定价：98.00元

编者的话

进入中国特色社会主义新时代后，城乡发展问题愈加引人关注。2019年，习近平总书记在江西考察时指出"城镇化和乡村振兴互促互生"，回答了新时代两个重要发展任务之间的关系，也奠定了未来一个时期中央处理城乡发展问题的基本思路。由于过去的非均衡发展积累了大量的矛盾，城乡发展尚有许多问题需要解决，需要学者们投入大量的精力开展研究。

基于这一背景，山西大学乡村振兴研究院组织撰写和出版"山西大学乡村振兴培训系列教材"。

山西大学乡村振兴研究院是隶属山西大学的校级科研单位，2016年获批山西省人文社科重点研究基地。研究院依托哲学、政治学一级学科博士点，充分发挥协同创新、联合攻关的整体科研优势，开展实验研究和调查研究。研究院按照国家急需、特色鲜明、制度创新、引领发展的总要求，将咨政服务、理论研究、实验研究有机结合，形成三位一体的科研创新发展模式。近年来，研究院对城乡发展问题开展了大量研究工作，尤其在精准扶贫、乡村振兴等方面投入了巨大的研究资源。

本丛书出版的主要目的有二：一是将过去一段时间研究院研究人员关于城乡发展相关问题的研究成果进行系统梳理和展示，与领域内的专家学者进行学术交流，并推动科研成果得到应用，为相关问题的解决提供智力支撑；二是持续记录和发现中国城乡协调发展进程中的新情况、新问题，为城乡发展不断寻找新思路、新方法。

未来，我们将继续关注城乡发展问题，不断深化研究，依托这套丛书推出更多高质量的研究成果。

"山西大学乡村振兴培训系列教材"编委会

2022年1月

序　言

　　听闻毛志勇、易旸的品牌专著《农业品牌培育方法论》即将付梓，深感欣慰。志勇是我的学生，在媒体工作时跟我们一起办过学术论坛，搞过社会实验，后来创业从事农业电商和品牌培育工作。这20年来，他的工作可谓变中有不变之处，那就是始终没有脱离农业农村，始终没有脱离社会现实，这既是一种情怀，也是一种选择。

　　中国的农业品牌创建工作正处于方兴未艾之势。我的理解，培育农业品牌主要是做好两件事：找到用户及其需求，并有效传递产品品牌的价值给用户。好的品牌一定是在传播价值，传播让消费者能够理解、乐于接受并且愿意向第三方传递的价值，否则就是作秀。

　　他们所在企业出产的品牌产品，我几乎都品尝过，而且每年应季上市时都会食用，从这个角度讲，我对这本书中所写的案例有一定的发言权。从个案层面来看，他们取的品牌名字如"驮娘柚"、"山瑶脆柑"、"啵啵脆"荔枝和"夫妻树"黑木耳等，一听就充满了故事，能够激发起消费者品尝体验的冲动。从经验理论层面来说，他们总结的品牌培育方法论，即品牌定位方法论、品牌包装方法论、品牌传播方法论和品牌营销方法论等，对我也有启发：在我们外人看来，他们犹如品牌长征路上的行者，像变戏法一样每年推出一个甚至多个品牌并且能取得不俗的市场反响，原来是有理论指导和运营支撑的，不是做个宣传就能卖货那么简单。这跟我们做田野实证研究的方法是一样的，从个案中提炼出方法甚至理论，但多数学者一般止步于解释现实，而他们却勇敢地去改变现状。

　　更难能可贵的是，他们所做的事情并非仅是漂浮在产业之上的品牌策划工作，他们秉持"让品牌农业成本更省"的经营宗旨，在农业生产阶段就通过技术服务切入产业，可以说既扎根于产业当中，又能跳出产业之外，用现代市场经济的思维和方式贯通产业链，由于提高了产业链的运作效率，降低了产业链的运作成本，结果让两头都能受益，同时实现农户增收和消费者节支的目的，也就是让农民尊严和消费自由对立统一起来。

此外，他们还对一些经济、社会和文化现象发表了自己独到的见解，令人耳目一新。农业农村领域的实务工作中，有越来越多的思考者，这是让人欣喜的现象。作为一个提倡将论文写在大地上的教书匠，我自然乐见理论与实践紧密结合，不管是新农人还是旧农人，都能用知识武装自己，推动农业经济高质量发展，促进乡村全面振兴。

　　是为序。

徐　勇

华中师范大学资深教授

教育部首批文科"长江学者"特聘教授

2022年3月

前 言

当前，农业品牌化发展热潮已渐成燎原之势。但部分地方政府和企业在农业品牌培育上存在急功近利的倾向，缺乏整体把握和配套举措，往往做个规划、搞个推介、得个排行，就认为品牌工作大功告成，"重生产轻品牌""重评比轻培育"的思维定式普遍存在。事实上，农业品牌贯穿农业供给体系全过程，覆盖农业全产业链、全价值链，是农业综合竞争力的重要标志。可以预见的是，将来农业市场竞争的制胜法宝不再完全取决于规模，而是取决于是否拥有高品质和差异化的品牌优势。

广州新农财数据科技股份有限公司（简称"新农财"）成立7年来，自创了10个品牌，包括6个农产品品牌、3个农资品牌和1个平台品牌等。古语云：例不十，法不立。在积累了10个以上品牌的培育经验，并取得了一些市场持续认可的成绩后，新农财团队鼓起勇气，将这些经验形成文字。

与其说这是一本理论书籍，不如说这是一本实操手册。书中的每个案例，都是新农财团队一手一脚干出来的，也是投入自有资金实践得来的。换言之，书中的这些方法，新农财团队从头至尾操练了多遍，每个步骤和环节都是用真金白银去实施的。从这个角度讲，每个品牌都是一台"碎钞机"，但能否变成"储钱罐"，最后变成"提款机"，要靠市场来检验。

在农业品牌培育的实践过程中，新农财团队注重讲好品牌故事，努力让品牌品位与受众精准匹配，不断强化品牌名称及品牌内涵与营销的关联度，注重品牌营销活动的市场转化。相较于众多企业普遍认为品牌是农产品营销以及实现产品溢价的手段，新农财团队认为，品牌是一切营销活动的最终结果。因此，农业品牌培育必须是个长期的过程，需要大量资金、资源的持续投入，"久久"方能"为功"。

著 者

2022年4月

目 录
CONTENTS

4 第四章　知识型农资电商的品牌化实践

5 第五章　农业品牌观察

第一章

品牌"含情量"到"含金量"的四步方法论

　　培育品牌，本质上就是在做一门生意，品牌是属于长期主义者的生意。

　　从商业层面讲，品牌的定位、包装、传播和营销，最终的目的是要实现商业价值。这个价值，一定是生产者和消费者共同认可并均能受益的价值。比如，品牌农产品应该给生产者和供应者带来一定的交易溢价并得到社会认可，能够给消费者带来美好的品质体验乃至更高层次的精神文化获得感，但又不至于在价格上使消费者感到太大的压力。总之，品牌应该为满足大众的美好生活需要服务，实现生产者有尊严和消费者有自由的平衡，这是品牌农业的题中应有之义。从品牌是生产者（品牌所有权方）与消费者共同培育的角度理解，如果没有一定程度的消费自由，就不可能存在消费者参与、互动的机会，产品也将失去品牌化的可能性，生产者尊严必将沦为孤芳自赏。反言之，如果生产者不能从产品的品牌化过程中获得应有的尊严，包括一定的货币化回报与积极的消费者反馈，那么产品的品牌化过程甚至连产品的生产供给都有可能中断，消费者自由也将变成镜花水月。

　　新农财团队认为，做农业类的品牌，如果说与其他领域的品牌有什么区别的话，那就是农业类的品牌"含情量"比较高。根据美国学者玛格丽特·马克和卡罗·S.皮尔森的品牌原型理论，所有的好品牌都契合了人类的某种心理原型，接通了人类的某种原始情感，代表了人类的某种人生意义，可以借用人类的原力。农业作为与人类相伴时间最长、与人类解决生存危机须臾不可分离的第一产业，天然地被人类倾注了更多的情感，从而拥有更多的"含情量"。

　　从"含情量"出发，让品牌兼顾农民尊严和消费自由，这是农业品牌培育的最终目的，也规定着农业品牌培育工作的方法论。

　　新农财团队将品牌培育方法论分为定位方法论、包装方法论、传播方法论和营销方法论，这种划分主要是为了论述方便，并非说明这几个环节之间有天然的界限，恰恰相反，这几个环节是互联互动、互相渗透的。

品牌定位方法论

（1）挖掘一个故事

（2）突出一种功能

（3）表达一种情感

（4）升华一种意义

品牌传播方法论

（1）地方政府背书

（2）权威媒体报道

（3）内容持续更新

（4）节点活动造势

01

02

新农财农业品牌
培育方法论

03

04

品牌包装方法论

（1）再现一个品牌故事

（2）确定一个主要符号

（3）提炼一句品牌口号

（4）挑选适配包装材料

品牌营销方法论

（1）制订一套品牌产品供应标准

（2）生产环节开始品控

（3）动员社会力量参与

（4）选择合适销售渠道

一、品牌定位方法论

定位已经成为营销工作中的一种底层思维，虽口不曾言，但心必有之，且无时不在，无处不用。品牌定位的具体方法，一般包括如下几个步骤。

（一）挖掘一个故事

如上文所说，打造品牌的起点是产品要有"含情量"，而"含情量"只能以故事作为载体。如果一个产品没有故事做背书，品牌培育者宁愿放弃这个产品，除非这个产品非常稀缺。但是，如果这个产品经常处于稀缺状态，它怎么可能没有特别的故事，只是这个故事有待挖掘罢了。

故事为什么如此重要？因为人类从诞生之初，就是听着各种各样的故事长大的，尤其是在没有文字的人类早期阶段，人类史表现为精彩故事的集合，也就是各种各样的传说。可以说，人类对故事的需求，是与生俱来的；人类对故事的接受，是不设心防的；人类对故事的传播，是主动为之的。因此，故事具有低成本、高触达性、高接受度和高转发率的特点，能不着痕迹地将产品卖点和情感带出来。也正因为此，品牌的构成，一定是有物、有人、有故事，"见物又见人"。品牌的名字最好直接来源于这个故事，这样品牌名字与故事之间就可以形成记忆联动。

（二）突出一种功能

从营销上讲，突出一种功能就是设计一个卖点。农产品是给消费者食用的，不是纯粹的文化产品，必须要具备基本的食用功能和一定的感官功能，也就是要拥有物质属性方面的功能。一般来说，同类产品都具有类似的食用功能和感官功能，但在功能的强弱程度上会存在若干差异，有时这个差异会显得特别大，从而表现为一定的独特性，这就为提炼产品的功能提供了机会。如果某个产品的主要食用功能，比如糖度、糖酸比、水分含量、焦核率、化渣程度等，存在超出同类产品的优异性并且能够稳定的表现，这个功能就比较容易提炼。如果在主要食用功能的指标上差异不明显，就可以考虑突出感官功能的某个指标，比如气味是否更香，表皮是否更滑，果皮是否更薄，颜色是否更红，口感是否更脆等。通过全盘比较后，落脚在一个功能上，集中力量表达。这是整个品牌培育工作的基础，只有品质功能的根系足够健壮，品牌价值才有可能长成参天大树。

（三）表达一种情感

什么是好故事？除了故事本身的情节和结构要吸引人外，故事中还要含有人类共通的正面情感，例如勇敢、善良、孝顺、义气、仁爱、奉献、忠诚、执着、慈悲等，这些情感是每个人与生俱来的，不是从外部输入的，这样就包含了让消费者产生共鸣的可能性。这类故事，一定是要关于人性的故事，可以是当代故事，也可以是历史故事，但历史故事中的正面情感能投射到当代，让当代人也能拥有这种情感，甚至产生升华。如果一个故事含有多种情感，就要抽取其中最为鲜明或突出的一种并进行提纯，这是整个品牌培育工作的灵魂。需要注意的是，品牌故事所要表现的情感，与试图突出的产品功能之间要在逻辑上形成自洽，并且能强有力地耦合在一起。例如，品牌故事所表现的是一种主人公执着钻研的匠心精神，而产品所突出的功能点是经过反复试验，其品质达到了最佳状态，这两者就能耦合起来。表面上看，耦合这个步骤是在对功能和情感提炼完成之后才实施的，但实际上"意在笔先"，在分别提炼出两者之前，大脑中已经对两者进行了关联、匹配和耦合。

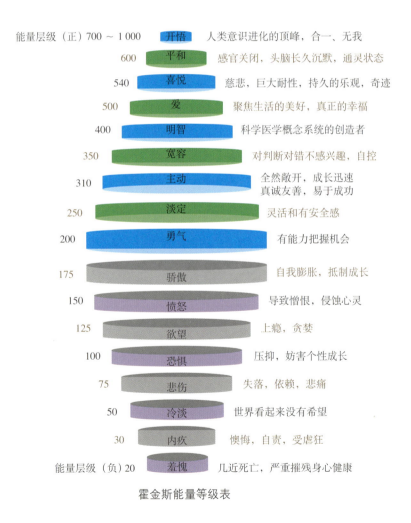

能量层级（正）700～1 000	开悟	人类意识进化的顶峰，合一、无我
600	平和	感官关闭，头脑长久沉默，通灵状态
540	喜悦	慈悲，巨大耐性，持久的乐观，奇迹
500	爱	聚焦生活的美好，真正的幸福
400	明智	科学医学概念系统的创造者
350	宽容	对判断对错不感兴趣，自控
310	主动	全然敞开，成长迅速真诚友善，易于成功
250	淡定	灵活和有安全感
200	勇气	有能力把握机会
175	骄傲	自我膨胀，抵制成长
150	愤怒	导致憎恨，侵蚀心灵
125	欲望	上瘾，贪婪
100	恐惧	压抑，妨害个性成长
75	悲伤	失落，依赖，悲痛
50	冷淡	世界看起来没有希望
30	内疚	懊悔，自责，受虐狂
能量层级（负）20	羞愧	几近死亡，严重摧残身心健康

霍金斯能量等级表

（四）升华一种意义

如果说情感是自然涌现的，那么意义则是需要人为实现的。追求人生意义，体现了人经过理性思考后对人类动物性和个人生存的超越，是人格的自我完善和价值的终极实现。将人生意义投射到品牌上，并通过品牌所属的产品去实现意义，品牌也就拥有了这种意义。举例来说，品牌故事的主人公，对特定的对象非常孝顺，则可以说这个品牌蕴含了孝顺这种情感，但如果仅仅停留在这个阶段，尚不能说这个品牌拥有了意义。如果这个品牌的产品和相关行为能从孝顺这种情感出发进行延伸，老吾老以及人之老，在客观上帮到更多需要帮助的人，并且在主观上认为这种助人是让自己变得更为完善，这时就可以说，这个品牌拥有了意义。品牌就是意义的凝结，是意义的体现。当人们看到某个品牌，就知道拥有它会带来什么意义。如果说情感能引起别人的共鸣，那么意义则可以唤起别人的行动。意义能让素不相识的人找到彼此，能汇聚价值拥护者的力量，它是打开消费者心锁的密钥，是唤醒消费者原力的密语。

 划重点

　　品牌定位方法论要处理好以下几组关系：

　　①一和多的关系。情感或者功能的表述，不能贪多求全，高大全式的人物和故事并不可信，更不可爱；多功能的产品不可能做到样样拔尖，反倒可能是样样普通。在某些条件下，一大于多，因为一能被人记住和选购；多则不如一，因为多没有特点和差异性，入不了消费者的法眼。

　　②物质和精神的关系。按马克思主义经典理论的论述，物质决定精神，但精神相对于物质具有一定的独立性，而且有巨大的能动性和反作用，也就是说，某种精神若能接通人类心中本来就有的情感，唤醒人类的原力，就可以拥有巨大的能量。

③生产者和消费者的关系。品牌是生产者和消费者共同投资、创造和拥有的，但在时间顺序上首先是生产者投资的，一个不能体现生产者价值的品牌是自杀；同时，品牌又是为消费者存在的，一个不能体现消费者价值的品牌是自嗨。生产者和消费者是一组对立统一的关系，因为身份不同而对立，通过产品购销而统一。生产者和消费者的关系之所以能做到统一，从品牌的角度分析，是因为双方所需要的具体价值取向——生产者最在乎的品牌溢价和可持续的市场变现，消费者最看重的产品的功能品质以及某种能与他产生共鸣的情感或意义——能且只能通过这个桥梁连接起来。在品牌共创的过程中，生产者价值和消费者价值逐步形成动态平衡，这也意味着，品牌的定位及后续操作不能牺牲任何一方的价值，必须兼顾生产尊严与消费自由。

二、品牌包装方法论

如果说品牌定位是内涵，品牌包装就是外形，在这个看脸的时代，外形不好，轻则让内涵的价值大打折扣，重则让内涵的价值化为乌有，甚至变成负资产。品牌包装的具体方法有如下几个步骤。

（一）再现一个品牌故事

品牌故事既可以用来听和说，也可以用于看、嗅和触摸，人类的五种感官体验，哪一种都不应该被品牌包装和传播轻易放过。产品的各种品牌包装，一定要忠实地再现品牌故事，突出产品的品牌情感和功能特点。再现的形式可以天马行空，手段可以丰富多样，但主题只能与品牌故事中所表述的情感和功能相关。以视觉体验为例，既然是再现故事，就要力求场景化，讲究直观性，让人一眼就能看明白这个品牌故事的内涵。凡是让人看一眼留不下印象，或者说留下印象的元素与故事主题无关的品牌包装，在故事再现方面都不算合格，无论画面如何精美，材质如何精致，都是失败的包装。

（二）确定一个主要符号

每个人都有这样的体验，看了或听了一堆广告，最后记住的只有一两个符号，这个符号可能是视觉方面的，也可能是听觉方面的。农产品天生就有很强的符号性，这个符号可以是农产品的外形再创作，可以是当地的名山大川，可以是著名人物，可以是历史典故，可以是文学歌曲，甚至可以是神话传说等。但这些符号，必须紧扣品牌故事的主题，能够展现品牌的某种情感或功能，或者至少能为品牌的某种情感、功能提供依据或背书。如果有多个符号，则要有主有次，主次排序的依据依然是与品牌故事的相关性，切忌生拉硬扯一些无关的符号装点门面。

（三）提炼一句品牌口号

品牌口号是人们在品牌包装环节最爱推敲的一个部分，虽然它可能是记忆唤醒度最差的一个部分。无论某个产品包装配图有多差，用色有多乱，人们看过之后多少会留点印象，但要是被问起这个产品的品牌口号是什么，多半是一脸茫然。为何会形成这种反差？主要原因就是操作者没有掌握人们对画面和文字的接受规律。对于画面，人们用的是大脑的右脑，即感性思维的一面，只要冲击力强，不管画面是否具有合理性，总能记住一星半点。但

对于文字，人们用的是左脑，即逻辑思维的一面，对于那些一眼看过去就像是推敲出来的广告口号，比如文绉绉的书面语，人们要么直接忽略，要么较劲一番，无论哪种做法都不符合品牌方的期望。更好的做法，就是把广告口号取得更感性一点，让右脑在看画面时顺带着把口号一块接受了，不给左脑启动逻辑思维的机会。具体到操作上，根据霍普金斯《科学的广告》主张以及USP（独特的销售主张）理论，品牌广告的唯一目的就是实现销售。广告口号必须建立在精准传递品牌的情感或功能价值的基础上，让消费者明白购买产品能够获得什么利益。广告口号必须是独特而有销售力的，要强有力地聚焦在一个点上，集中力量打动消费者。

（四）挑选适配包装材料

在农产品的包装材料方面有两个错误倾向：一是认为包装材料一点都不重要，结果消费者收到产品后，看到包装外盒惨不忍睹，别说食用，就连打开包装盒的兴趣都没有；二是包装材料非常高档，甚至远超产品本身的价值，这种形式大于内容的包装，非但不会增加消费者对该品牌的好感，反而可能会引发消费者对品牌的厌恶甚至抗拒心理。正确的做法，就是选用能恰当体现品牌价值和符合产品特点的包装材料，例如品牌价值承诺了新鲜，就要选择具有保鲜功能的包装材料或辅助材料；比如农产品的特点是自然、环保，就不能选用非环保、不可降解的材料。

品牌包装方法论要处理好如下几组关系：

①形式与内容的关系。形式是为内容服务的，如果包装形式大于内容，或者形式不能正确、充分体现内容的价值，都会给品牌价值减分。

②传统与创新的关系。由于农产品存在与山川风物的天然联系，在中国有大量的传统文化历史资源可供农产品包装使用，但这并不意味着品牌包装要做成"老古董"，传统的文化

素材完全可以与最新的包装方法以及高科技材料融为一体，从而更好地体现品牌价值。

③符号与口号的关系。品牌包装，一般来说是视觉的对象，在具体设计再现品牌故事的包装外盒时，符号的重要性高于口号，这是由大脑的工作规律决定的——谁的接受成本低就先接受谁。一旦选定了能代表品牌价值的符号，就要大胆地以符号为视觉中心来展开整体包装设计，这也是某些客家特产采用围龙屋形状包装盒的原因。至于品牌口号、logo等，都要围绕这个符号来排列。如果是有声包装，则口号的重要性可能会大于符号，因为相对于视觉，听觉的接受成本更低一点，可能连大脑都不需要经过。

三、品牌传播方法论

有了品牌定位和品牌包装后，接下来就是帮品牌找到消费者，这主要是品牌传播的功能。严格来说，并不是此刻才开始寻找消费者，而是在品牌定位阶段就通过品牌故事筛选消费者，与消费者构建某种关系，并在品牌与消费者的双向传播过程中发生实质关系。因此，当用户见到该品牌的产品时，不会说"这是什么呀"，而会说"我好像在哪里见过它"。

（一）地方政府背书

无论在东方还是西方，农业都受到政府扶持，只是扶持的方式和力度有所不同。21世纪以来，中国对农业扶持的力度越来越大，并且相较于经济上的支持，政治上的重视更是举世罕见，这为农业品牌培育提供了非常好的政府背书机会。只要从事的产业属于当地的主导产业范围，或者能带动小农户增收，或者具有高科技含量，或者能与当地的其他主导产业形成互补、融合等，就能得到当地政府的认可和背书。企业被政府背书的方式有很多种，比如成为农业龙头企业，成为名特优新产品，成为政府认证的某种示范基地，参与政府组织的推介活动……形式多样，总有一款适合你。政府背书的最大好处，就是提供了公信力的权威认证，这种认证在世界上绝大多数地方，包括市场经济发达国家都很有效。

（二）权威媒体报道

有吸引人的故事，加上政府的背书，品牌得到权威媒体的报道是水到渠成的事情。这里需要注意的是，作为品牌的拥有者，在向不同的媒体输出品牌故事时，一定要做到一致性；在谈论产品的功能特点时，一定要注意真实性；在展望品牌接下来的行动计划时，一定要考虑可行性。媒体报道固然会扩大品牌的知名度，但如果品牌的信用存在问题，媒体带来的知名度必将反噬品牌，这样做的后果，轻则竹篮打水一场空，重则偷鸡不成蚀把米。尽管当前是媒体发达和信息爆炸的时代，但权威媒体报道的价值仍不可替代，它与政府一起为品牌做了双重认证，在后续其他媒体报道和品牌传播中可以反复引用。

（三）内容持续更新

品牌传播不存在毕其功于一役的说法，产品的知名度永远都不嫌高，要发扬日拱一卒的精神，让品牌为更多的人所了解。权威媒体不可能经常报道一个企业品牌或产品品牌，持续报道的工作主要靠企业自身承担。不用担心自己不够专业，不要嫌弃自己流量太小，最需要考虑的是自己的内容是否符合品牌定位，以及每次更新的内容对用户是否有价值。这个问题的优先级，远高于内容的表现形式是什么，报道的标题怎么拟，选择哪几个平台发布，内容更新的频次如何，等等。这里，有必要确定该品牌产品是以企业直销为主还是靠渠道分销为主，如果是后者，对内容的要求不会太高，大多数致力于做品牌的企业应该都能做到持续更新内容。

（四）节点活动造势

内容持续更新的基本要求是细水长流，但如果一年中不来几次乘风破浪，就会流于平淡，直至出现审美疲劳。这就要求品牌操作者要善于出击，在重要的时间节点，策划活动，整点动静。做农业特别是种植业的好处，是产品的物候期确定性比较高，这基本上就规定了产品的重要节点有哪些，而且在这些重要节点，政府都会主动搭台，集聚各类相关资源，品牌拥有者只要借势而为即可。策划什么活动，邀请何人到场体验，如何与消费者互动，怎么做出影响，要根据品牌的定位具体策划设计，始终牢记策划活动的目的是强化消费者对品牌定位和产品功能的认知，而不是热闹一场最终得了个寂寞。

品牌传播方法论要处理好以下几组关系：

①政府背书和企业作为的关系。政府为了保供稳产，促进产业发展，调整产业结构和帮助农民增收，会认定符合条件的一些企业、品牌、产品和基地，给予荣誉和政策扶持，这为企业对外传播品牌提供了背书，便于"在宏观上造势"。但企业的产品、品牌要传播到更多地方和用户，并最终得到市场认可，仅靠政府背书是不够的，更需企业自身积极作为，借力打力，拓展更大的市场，即"在微观上造势"。

②权威媒体和自媒体的关系。权威媒体打头炮，是有机会帮助品牌打响知名度的，但权威媒体毕竟属于公共性质，不可能事无巨细地报道一个企业或产品品牌培育的全过程。这个阶段，要靠企业持续不断地输出内容，把权威媒体营造的声势维持住并且拉抬得更高。而且，企业持续更新积累了大量一手素材后，为权威媒体的再次报道在内容方面又做好了铺垫。

③持续更新和节点造势的关系。企业持续更新内容是常态，而策划活动节点造势是非常态，只有做好了常态化的持续更新，非常态的活动造势才有基础；如果造势取得成功，又会反过来为常态化的工作注入能量，激活常态化的工作。如果只有一面倒的常态化细水长流，品牌传播就激不起多少浪花，最终有可能沦为一潭死水。

④企业自身信息和消费者内容的关系。一般来说，企业乐于发布自我视角的信息，特别是正面信息，但消费者对于企业或产品的评价、建议或需求，则很少被报道。报道较少的原因，最主要的还是缺乏以消费者为中心的意识，不会主动去听取、收集和整理消费者对于企业或产品的反馈。上文谈到，消费者是品牌不可或缺的创造者之一，没有消费者内容的品牌传播，是不可能有感染力的。

四、品牌营销方法论

培育品牌，最终还是为了销售产品，特别是对销售期短、溢价不高的生鲜农产品来说，快速动销的意义尤为重大。虽然营销工作最终是为了达成销售，但没有传球过人就没有最后的临门一脚，营造销售氛围这项工作不可能省略，它的意义不仅在于促进当期销售，更是为品牌价值的可持续变现铺路搭桥，添砖加瓦。具体来说，品牌营销包括以下几个步骤。

（一）制订一套品牌产品供应标准

李克强总理曾经提过，用工业的方式发展现代农业。这个思想如果用于培育农业品牌，很有启发意义。工业产品的最大特征就是标准化，农业产品特别是种植类产品虽然由于温、光、水、土、气、种、肥等的综合影响，在形成初级产品时标准化率相对较低，但并不意味着农业产品不应该搞标准化，恰恰相反，这正是做农业品牌工作的抓手。成功品牌的要诀之一是敢于做出承诺然后予以兑现，特征之一是意义或功能的差异化，如果别人在产品标准化方面不敢承诺，而你敢于承诺；别人承诺了做不到，而你能做到，就为培育品牌提供了非常好的切入点。需要注意的是，在制定品牌产品供应标准时要切合实际，如大小、重量、糖度、水分含量、农药残留量、重金属含量等指标，一旦做出了承诺，就必须兑现，而且最好是高标准兑现。另外，在起始阶段，一种产品不宜制定太多标准，应该先做好一到两个标准，再根据实际情况进行扩展。包括产品、包装、物流等在内的品牌供应链标准化，是提高消费者体验好感度和满意度的关键所在，也是满足和超越消费者期待的重要组成部分。

（二）生产环节开始品控

在品牌化农产品的销售中，品控的重要性越来越高。目前的品控重点，是在采摘、分拣、预冷、包装和物流等环节，这几个环节如果能做好，肯定有利于做到品牌的标准化。从非生产基地主人的品牌操作者角度来看，做好这几个环节已经足够，基本可以确保产品的标准化，从而兑现品牌承诺。对于想做品牌的生产基地主人来说，如果只在这些环节做品控，已然落后了。其实，品控的最佳环节是在生产阶段，如果生产阶段的品控做好了，不仅可以提高产品的成品率，还能节省从采摘开始的一系列品控环节成本，增收效果非常明显。生产环节的品控，主要是通过栽培、肥水和植保等方面的调控，让更多产品达到品牌化商品所列标准的要求，特别是拥有品牌定位中强调的具体产品功能；同时避免做了品牌反而赔钱的悲剧——大部分产品因为达不到品牌标准只能低价处理。

（三）动员社会力量参与

农民是弱势群体，农村是乡愁的寄托对象，农业具有一定的公共产品性质。在拥有政府背书和确保产品品质的前提下，动员社会贤达为品牌无偿代言或进行某种形式的品牌传播是不难办到的；如果品牌拥有者能承诺将部分产品收益用于公益事业，或者本身已具备良好的公众形象，则把握更大。表面看，社会贤达是在为某个产品代言，但实际上是为品牌所表达的某种情感或意义代言，这种情感或意义吸引了他，让他的心灵受到了触动或震撼。即使是无偿代言，在选代言人时也要坚持原则：首先是代言人与品牌的相关性强，比如地域相关、领域相关、爱好相关、精神气质相关等，避免代言广告或文案出街时，消费者发出"他（她）跟这个产品完全不搭啊"的质疑；其次是代言人形象正面，对品牌所定位的消费者有正面影响力，并且正面影响力越大越好；三是在设计代言文案或广告时，要更加突出品牌所蕴含的情感或意义，通过代言人的能量把这种情感或意义放大，而不仅仅是请他（她）们代言某个产品。总而言之，代言人与品牌之间要有某种令人信服的关系，而且代言人能站在消费者视角去理解和传播这个品牌，并与消费者进行互动。

（四）选择合适销售渠道

在做品牌化销售之前，一定要客观评估自身的实际状况，产品是以向消费者直销为主还是依托渠道分销，也就是 To C 还是 To B 的问题。如果是前者，对于国内的几个线上大平台，企业可以根据自身的经济实力和产品线的丰富程度去选择，但是有一点要做好心理准备，开旗舰店之类的企业门店只是一个开始，后续的营销投入才是重点；如果只做一两个品类的生鲜品牌，To B 才是更好的选择，特别是在有政府背书、一定的品牌知名度和良好的品控能力的前提下，不愁找不到销售渠道。在产品产量远大于自身品牌化销售能力的情况下，可以考虑为一些品牌做贴牌，虽然在消费端不能呈现自己的产品品牌，但可以显示企业品牌，有利于提高企业知名度。更为重要的是，与各类渠道合作，不仅能共享渠道的有关资源，也能锻炼提升自身的供应能力，为条件成熟时转型做直销打下坚实的基础。

品牌营销方法论要处理好以下几组关系：

①当前利益与长远利益的关系。做品牌追求的是长期利益，如果为了当下利益违反品牌产品供应标准的要求胡乱对外供货，看似做到了利益最大化，实则损害了品牌价值，透支了品牌的未来利益。

②产前品控与产后品控的关系。相对来说，产前品控比产后品控的周期更长，需要改变原有的一些生产方式和方法，

也有可能会增加投入，而且这种投入很可能不会马上转化为效益，但对于立志做品牌的企业来说，这是值得做的。对于品牌所要求的标准化，产前品控相对于产后品控具有显著的优势，摊到每个产品的成本更少，单个产品的收益更高，而且可以在生产阶段重点培育品牌价值所要求的功能，与品牌故事所彰显的品牌意义也更为契合。当然，产后品控也不可或缺，毕竟农产品不可能做到完全的标准化，产后品控可以最大限度地展现产品功能和改善品牌体验。

③To C与To B的关系。一般来说，做品牌的市场主体难以抗拒To C的诱惑，也因为如此，我们见证了大把企业疯狂烧钱血本无归的惨剧。在实力不济的情况下，借船出海，让利上市，依托各种渠道先把产品卖出去，也就是To B乃为上策，只要在这个过程中能亮出自己的产品品牌或企业品牌，就向成功迈出了一步。To B做好了，再启用一个全新品牌To C，是水到渠成之事，但不建议使用已在B端与人合作的品牌转型做C端，这不仅是商业道德问题，更涉及利益结构和网络重构的问题，一着不慎则满盘皆输。若能处理好以上几组关系，企业和产品品牌的"含金量"就会得到明显提升。

实践是检验真理的标准。按照上述品牌定位方法论、包装方法论、传播方法论和营销方法论的理论指引，近年来新农财团队成功培育出了"种植匠"、"驮娘柚"、"山瑶脆柑"、"啵啵脆"荔枝、"夫妻树"大米和"农财购"等一批受到市场持续认可的农业品牌，通过准确的品牌定位和品牌包装以及整合政界、学界、媒体等多方资源构建出极具社会影响力的品牌传播与营销，不仅让品牌深入人心，并使品牌产品实现了溢价，同时也带动一批地方特色产业扩大了知名度，提升了产业发展水平。实践证明，在遵循一套科学方法论的前提下，农业品牌实现从"含情量"到"含金量"的飞跃是完全可行的。

第二章

特色农产品走向世界级品牌的法则

——农业品牌培育与消费者关系对话

在当下的农业领域，品牌工作受到前所未有的重视，特别是在乡村振兴、品牌强农相关政策的支持下，全行业对创建和培育农业品牌的热情前所未有地高涨。政府积极打造区域公用品牌，企业用心培育产品品牌，品牌成了政府推动乡村振兴、企业参与市场竞争的重要抓手和法宝。

品牌本质上是一个典型的消费者视角，做品牌就是要公开承诺，赢取消费者的信赖。关于农业品牌的培育，新农财团队深度访谈了工信部品牌培育专家、广东知名品牌评价专家委员会主任、广东品牌全球竞争力评估实验室主任、华南理工大学工商管理学院陈明教授。陈明教授提出，农产品具有两个独特性，一个是产品的独特性，一个是价值的独特性，这两个独特性锁定了农业品牌的属性。在产品定位上，陈明教授建议品牌农产品应该往礼品的方向走，因为它有很强的概念性和差异化。在品牌营销方面，陈明教授提出，品牌一定是基于消费者并以消费者为本的品牌资产。所以，品牌应该要去适应消费者，而不是强迫消费者接受它。现在做农业品牌传播、品牌设计等，大都是强迫消费者接受品牌方的观点，大喊大叫，硬销强销。其实对消费者应该是软营销，要打开胸怀，让消费者参与进来，参与得越多，消费者对品牌的忠诚度就越高，这叫消费者的品牌价值共创。品牌培育要注重什么？两个词：关系与体验。品牌一定要和消费者发展关系，消费者愿意参与、互动、分享。品牌里面如果看不到和消费者的关系，品牌力就等于零。

一、农产品的礼品化策略：强概念性和差异化

® 新农财：现在有一种说法，农产品做品牌，就是要把产品卖得越贵越好。

Ⓐ 陈明：大体来说，农产品有两类，一类是功能性产品，就是讲性价比，合适的价格买到合适的产品；还有一类是作为礼品、特产来销售，那么它就是要贵点，为什么？送给别人的东西，越贵才越有意义，才值得送给尊贵的客人，所以，不同的产品有不同的定位。农产品做礼品其实是很合适的，这也是它的一个出路。礼品里面有情感的因素，有社交的因素，这些因素都是值钱的，品牌讲的就是这些因素。

当然，价格不是越高越好，可以适当超越消费者对价格的期望值，但不要把消费者当"水鱼"。比如消费者购买柚子，心理价位是20块钱，卖家要卖40块钱，这个价格超出了消费者的预期价格；这个价格会让消费者觉得产品可能有独到之处，愿意花20块钱的溢价，但并不意味着他们愿意花100块钱的溢价。越贵越好，这种说法我们不赞同。

® 新农财：有本书叫《脑中的大象》，书中谈到了炫耀性消费，就是说我购买某个物品或者服务，是为了向第三方炫耀，比如说我送这个礼品出去，就是为了表达对贵宾的尊重。

Ⓐ 陈明：对，比如说小罐茶，它为什么定价那么高，你不要以为它在欺骗消费者，它其实是一种心理价位，心理价位定高是可以理解的，而且需要定得高一点。但是，定高价有个问题，就是产品品质一定要非常好，否则的话，就只有一次消费而没有重复消费。

我个人建议农产品往礼品的方向走，因为它有很强的概念性和差异化。你送这个农产品给别人，必须要讲清楚这个农产品的特殊价值，即使不说它的营养功能，也一定要讲它的特殊性，比如地理特殊性、文化特殊性、传统特殊性等。总之，农产品被赋予很多产品之外的因素，这些因素能使产品的溢价能力提升上去。

Q **新农财**：您是研究工业品牌的专家，农业品牌跟工业品牌，您觉得有什么区别吗？

A **陈明**：区别很大。工业产品一般是同质化的，它是标准化生产出来的，所以工业品牌很难从产品本身产生独特价值，只是被人为赋予它一些不一样的情感或者社会属性等。而农产品本身就具有独特性，并与它生长的区域息息相关，区域品牌是有差异化的，产品品牌跟着区域品牌一起也会有独特的差异化，比如清远鸡就和别的鸡不同，我觉得这类农产品本身就具有品牌力，要做的只是怎样把这个品牌力通过策划、运营彰显出来。

农产品有两个独特性，一个是产品的独特性，一个是价值的独特性，这就锁定了农业品牌的属性。工业产品都是同质化的，只有价值独特性，没有产品独特性，它靠价值独特性、附加值的独特性，来传递品牌价值。所以，你给消费者送一种品牌农产品，比如三只松鼠，它首先是价值具有独特性，比如体验好呀，呆萌的感觉呀，如果产品方面它选择的是某一座山上的坚果，精挑细选，那产品又有了独特性，这两个独特性叠加在一起，就锁定了它的品牌价值。

Q **新农财**：所以，您曾经谈到品牌跟产品无关，主要是从价值的独特性角度来阐述的？

A **陈明**：是的。产品是同质化的，但品牌是非同质化的。品牌其实是典型的消费者视角，是消费者对产品的感知，不同的消费者由于自身生理、心理、知识等各种因素条件的不同，对产品的感知必然不同，从这个角度说，品牌与产品就没有必然关系了。

二、消费者价值共创：参与、互动、分享

Q **新农财**：现在比较喜欢提标准化，品牌是不是也有标准呢？

A **陈明**：品牌本身没有标准，品牌培育这项工作是有标准可循的。品牌培育有标准的策略、规定和评价，这些标准是有的。品牌也有指标，如知名度、美誉度、忠诚度等，这些指标是可以量化的。不同人的感受是不一样的，量化出来的东西必然会因人而异，所以品牌本身没有标准。

Ⓠ 新农财：就是说企业主可以认为自己的品牌拥有什么样的标准，但是消费者的感知跟企业主可能是不一样的？

Ⓐ 陈明：对。品牌在精神层面具有两个属性，就是情感特性和价值判断。在企业主眼里品牌产品是一个标准化的东西，但消费者看到的可能是完全不一样的，是带有个人情感和价值判断的。所以，我们应该提供一个载体，让消费者往里面加东西，加入他的情感因素，加上价值判断，使品牌变成消费者自己的品牌，这样的品牌就会牢牢黏着消费者。

现在做品牌传播、品牌设计等，大都是强迫消费者接受品牌方的观点，这叫硬销、强销。其实，对消费者应该是软营销，要打开胸怀，让消费者参与进来，参与得越多，消费者对品牌的忠诚度就越高。这个是有研究的，这叫消费者的品牌价值共创，对品牌的忠诚度有很大的正向影响，价值共创越多，消费者对品牌的忠诚度、好感度就越高。

Ⓠ 新农财：陈教授，您刚才谈到价值共创，要怎样跟消费者做价值共创呢？

Ⓐ 陈明：三个词：参与、互动、分享。消费者参与了，跟你互动了，他就会将品牌分享出去，品牌是要靠分享去传播，而不是靠强推。把一个很僵硬的品牌推给别人，就相当于硬销。一定要软营销，润物细无声，品牌才能够做出来。做品牌千万不能大喊大叫，那是以前的做法，现在大喊大叫可能无人理你。品牌在消费者感知、评价、认可之后，信任就有可能建立起来，这样才算完成了一个完整传播过程。

Ⓠ 新农财：不大喊大叫该怎么办呢，毕竟做品牌的目的就是为了销售，把产品卖得更多。

Ⓐ 陈明：大喊大叫是为了知名度，让大家知道它，但知道了就会购买吗？这是两个不同的概念，不能画等号。天天讲你有好的流量，好的流量就等于销售额吗？不等于。那流量怎么变现？变现的手段还是比较单一，你认为自己的产品好得不得了，消费者就一定会买。但其实不是这个逻辑！品牌里一定要有它的

思想、情感和价值观，使消费者产生好感，使消费者觉得跟自己有点关系，然后通过要么是虚荣，要么是炫耀，要么是别人推荐，要么是自己品尝过以后体验不错，他才会去购买。从知名度到最后购买还有很长的过程，恰恰是这个工作，我们农业品牌的操作者缺失了，导致农业品牌一直发展不起来。

Ⓠ 新农财：互联网为您刚才说的从产生知名度到形成购买，提供了哪些便捷的方式呢？

Ⓐ 陈明：互联网是最好的参与、互动、分享的工具。传统营销的传播很难，分享很难。比如鸿星尔克（注：2021年7月，深陷破产传闻的运动品牌鸿星尔克宣布为河南灾情捐赠5 000万元物资，获得了巨大的关注和流量），不就是靠互联网分享出去的吗？以前哪有可能做了件好事立刻就让全国人民都知道了，只有现在的互联网才有这个能量。但是，我们的农产品利用互联网的方式太简单，只是利用它做直播、做展示，让消费者参与、互动、分享的事基本没做。比如做电商，找网红直播有什么意义呢，以为网红直播就能引起消费者崇拜，哪有可能呢？现在网红直播的边际效益已经大大衰减了。

三、没有和消费者发展关系的品牌等于零

Ⓠ 新农财：参与、互动、分享，说白了就是做关系？

Ⓐ 陈明：品牌培育重点要做的就是关系和体验，让消费者参与进来，和消费者建立关系，产品等相关体验要好，这样的话，品牌工作就好做了。其实农产品最适合做体验，一吃完就可能马上被征服，比如增城迟菜心，咬一口就被征服了，皮脆肉软，入口即化，哪里能找到这么爽脆无渣的东西。农产品也比较容易建立关系。农产品是药食同源，针对不同的人群推不同的产品，这不就能发展关系吗？比如奇异果（猕猴桃），老人、小孩吃了可以补充维生素，卖给老人和小孩就好了；小罐茶一看就是贵宾到，是针对贵宾的品牌，这关系多清晰啊。品牌里面如果看不到和消费者的关系，品牌力就等于零。

品牌要和消费者发展关系，首先要知道卖给谁，不知道卖给谁的时候，就没有品牌。比如梅州柚卖给谁，不知道；做柚子的衍生产品卖给谁，也不知道，柚子酒不知道卖给谁，柚子月饼也不知道卖给谁。为谁开发都不知道，这样的品牌能打动谁？哪个消费者心中会有印象？这样做品牌，找不准对象，就是自说自话。企业不愿意也没有耐心花时间研究客户的定位，觉得这个很虚，还不如在外面做活动促销，做降价销售来得实在，但是这样做的话，和品牌就没有关系了。一讲到品牌就等于卖东西，而没有真正把品牌作为营销的抓手和拉力，到最后还是在卖产品，还是搞降价销售，把品牌做得一塌糊涂。

梅州柚（沙田柚）

B 新农财： 说到建立关系，是否可以延伸一下，比如这个地方出去的人，和这个地方出产的农产品，天然就存在关系。还有一个是群体关系，比如熬夜的人群，爱美的小姑娘等各种群体划分。

A 陈明： 关系本质上是按人的属性来分类构建的，即使是B端客户，企业法人也有自己独特的属性，这就属于集团消费了。比如说给中国移动定制产品，你要结合移动公司的企业文化，要符合移动公司的属性、性格和特色，它不是一个人，而是一个几十万人的大市场了。

柚子月饼

B 新农财： 谈到关系怎么构建，假如这个产品是有利于健康的东西，就应该把产品的功能和个人可能的需求对应起来。

A 陈明： 就是把产品的功能和适用人群联系起来。比如有的老人有心血管疾病，就可以搞一个心血管疾病相关的套餐，这样就和这群人建立了关系。这是做农业一直要去调整的思维，否则不要说搞品牌，就连市场也搞不起来。市场是个大概念，首先是要找到相关的人群；其次是找到相关的品牌，品牌里面包含了很多产品，而且产品是被品牌化了的产品；第三要找到相应的渠道，消费者能够买得到；第四最好是能够营造一个场景，就是针对问题的解决方案，跟消费者产生关联。这些就是市场概念，现在做农业品牌的没有几个人树立了市场意识。

Q 新农财：说到市场意识，一定要先了解客户的信息，给客户分个类。

A 陈明：对，要分类，做市场细分。营销里面所讲的概念在品牌里面是必然会用到的。所以，为什么说品牌与产品无关，就是品牌要跟人关联起来，不要总是讲产品的事情。当然产品也是很重要的，如果没有好的特色，只有表皮没有里子，一个很一般的水果非要给它赋予那么高的价值，就会出很大的问题。但特殊的水果不一样，哪怕价值很模糊，但产品是实在的、特殊的，送礼也好，买来自己吃也好，心里踏实。如果产品不独特，价值做得再高，最终也是昙花一现，很多品牌都死在这里了。

Q 新农财：产品的独特性，您觉得是从营销中提炼出来，还是说它本身就具有？

A 陈明：首先是产品本身内在就有，不是贴标签，而是从产品的内在中挖掘出来，不但包括产品本身，还包括产品的文化、历史、创造者、地域等，这些叫品牌的周边资产，这些资产都是能够创造差异化的。比如还是那匹汗血宝马，但这匹马是谁骑过的，这样挖掘是不是就有差异了？这就是用户差异。

这种所谓的品牌杠杆原理，在理论上是有总结的。在农产品上，它的地域、创作者是谁，比如凤凰单丛是哪个大师做出来的，不就是杠杆原理？这就是品牌的溢价基础。你看小罐茶，最开始并没有把消费者关系做足，只是强调大师做，这还是在表达产品本身的独特性，因为大师做不等于贵宾吃，两者没有连接起来，大师做的东西，贵宾就一定要吃吗？一定是卖给贵宾的吗？所以，后来它不讲大师做，讲"贵宾到，小罐茶"，开始把关系说清楚了。它前面讲大师做的时候，是没有讲消费者关系的，还是讲自己产品的独特性，这样品牌力还存在问题，还不到火候，火候到了的品牌一定是离产品很远的。所以，我觉得产品本身的属性应该是个惊喜，用完之后，会说"哇，这个东西好"，能给消费者带来惊喜，而不只是兑现承诺。否则的话，消费者用完之后就没感觉了，因为企业兑现自己的承诺本来就是天经地义。总而言之，培育品牌要多从消费者关系方面着手，而不是紧紧盯住自己那一亩三分地。

凤凰单丛

四、直播带货的未来将是直播带场

Q 新农财：有观点认为，互联网时代，精准流量广告和直播带货可以取代品牌培育，如何看待这一观点？

A 陈明：肯定是不能取代的。直播也好，广告也好，只不过是一种引流手段。关于直播，我到佛山做过全面的调研。这几年由于疫情，佛山想把直播做成当地工业企业发展的引擎，调研完之后，我就提出一个观点，直播带货是1.0时代，就是类似电视导购，讲究的是价廉物美，拼价格，这样就走进一个误区，导致一个双输的局面。

Q 新农财：当前一些头部的直播网红都对用户说，我要帮你们向企业争取优惠，把价格砍到最低。这对企业而言有什么意义呢？

A 陈明：这就是个双输的局面，企业输了，消费者也输了，因为他们没有买到真正的好东西，只有MCN（网红孵化中心）赢了。明星带货也是如此。我觉得未来直播营销应该是直播带品，带的是品牌，而不是直接带货，比如李子柒带的是中华优秀传统文化，不是直接带中国的产品，优秀传统文化带出去了，品牌就带出去了，中国的特产分布也带出去了，为什么国家会支持她，因为她是中华优秀传统文化的传播者。

Q 新农财：她是带一种生活方式，中国传统乡村的生活方式。

A 陈明：生活方式包括衣食住行，所以必然有很多东西要带出去，如果是直接带产品肯定死路一条。再进一步就是直播带场，带场景，而不是带品牌了。什么叫场景呢？比如在互联网上做家具的尹氏木业开始做直播带场，他搭一栋楼出来，里面不单有家具，还把家电、微波炉等都带进场景，这个时候才能说直播所带的品牌有价值，因为这样做是以消费者为中心，从消费者感知的角度去做品牌工作，消费者是有可能产生认同的。所以，直播带货、精准流量广告是不能取代品牌工作的，因为它们还是把消费者放在客体的位置。

❓ 新农财： 直播带货可以取代品牌工作的观点，是站在企业营销角度上去讲的。

🅐 陈明： 这还不能叫营销，只能说是推销。营销是站在消费者的角度去思考问题，推销不是，推销就是推广告、推直播，营销和推销区别很大，不能混为一谈。

❓ 新农财： 这种观点的背后其实是大家对品牌的认识有误区，认为品牌只是企业的一种工具？

🅐 陈明： 他们觉得产品和品牌是一个东西，是把产品卖出去的一种手段，其实品牌做得越大就越不属于自己，品牌是消费者的。品牌一定是基于消费者而且是以消费者为本的资产，它不是企业的工具。

目前最重要的问题还是对消费者研究的缺失，就是市场定位缺失。产品生产再多也没效益，卖不掉，并不是说市场没有需求，其实需求很大，但供销脱节了，市场不畅通。所以我的观点是：品牌拉动市场，市场拉动生产，生产拉动产品，产品拉动资源。资源一定要找到市场，资源市场化。资源怎么市场化呢？资源一定要变成产品，产品变成生产，生产变成市场，市场才能变成品牌，这样一路走过去，农业才能真正发展起来，少一个环节都不行。

一产讲的是质量、成本、规模，这是一产的概念。但是到二产加工业的时候，就讲品种了，讲多品种，讲技术创新，所以做工厂的一定要讲品种，多开发一些品种。为什么？因为针对的消费群体是不一样的，你看二产就开始接近消费者了。到了三产就跟产品没有关系了，要讲服务，讲关系和体验，产品就是道具，像火锅店，火锅就是道具。现在我们的农业是用一产的思维在做三产，怎么做得下去呢？市场是三产，你以一产的思维，拿质量、拿成本来打市场，肯定会出问题；市场要靠关系和体验，靠品牌做出来。

五、农业区域品牌三大问题：主体缺失、搭便车、卖点不清

ℚ 新农财：近几年国内掀起了农业品牌创建的热潮，无论是作为产品品牌的创建者——企业，还是作为区域品牌的创建者——政府，都在积极地行动，在您看来，政府是区域品牌适合的创建者吗？

Ⓐ 陈明：我觉得不是，政府应该起到背书作用或者发挥规范功能。创建区域品牌应该由政府主导，让一个独立的机构去运作，不能由企业去运作，也不能由行业协会去运作，现在区域品牌的主体是缺失的。政府把区域品牌注册下来，就属于公共资产，它最大的问题是搭便车。所以，政府要严管区域品牌的授权，严格按标准来，但是运营一定要交给第三方，一个独立于企业之外的中立机构；或者由政府专门成立一个区域品牌运营中心，统管品牌运营，企业只能成为授权对象，不能成为主导单位，这个一定要搞清楚。

我当时建议搞品牌产业园，要由一个中立机构来运营整个区域品牌，负责从源头开始抓起，一二三产业打通，做到生产统一、采购统一、销售统一、品牌统一，这样区域品牌才有统一形象。现在没有这样的机构，区域品牌搞得不伦不类，某些地方就是投入经费每年做一两次上市活动，要不然就是参展，这些都是空洞的宣传。

区域品牌讲的是公信力和权威性，当然跟功能性也有关联，比如我国台湾南部的释迦果品牌就做得很好，在全世界影响很大，好多人专门跑去台湾吃释迦果，我也去过。在台北种的就没有那个味道，一定要到台南的田里摘下来才好吃。释迦果跟台南的风情结合起来，它是有电影、有文化做支撑的。我觉得区域品牌对中国来讲，对广东来讲，是一个需要解决的重大问题。所以，农业区域品牌的问题，一是主体缺失，二是搭便车，三是卖点不清，没有一句话表达对于消费者的独特价值。

梅州柚（红肉蜜柚）

妃子笑荔枝

新农财：最近几年区域品牌创建的潮流中，有一个值得注意的现象，就是"大一统"，包括区域合并和品种合并，比如梅县金柚是一个产地和品种都非常清晰的品牌，现在统称梅州柚，从区域面积上来说扩大了5倍，从品种上来说，则增加了蜜柚。您如何评价这一现象？

陈明：这主要是从政府的角度入手的，但从消费者视角来看，品牌要搞得特色鲜明才更好，否则就失去了品牌的价值。比如现在推广东柚，里面包含了多少种柚子啊，不是所有品种的产品都适合做品牌，应该在广东柚下面再搞个产品品牌。

以广东荔枝为例，像妃子笑，是一个广受消费者欢迎的品种，（品牌包装）就应该打妃子笑，而不是广东荔枝，只要妃子笑成功了，广东荔枝也就成功了。宝洁公司就非常聪明，他们没有推P&G，只推产品品牌，如飘柔、海飞丝、潘婷等，飘柔成功了，P&G自然就成功了。推广东荔枝是政府想做的事情，但从消费者的角度看，应该针对产品做品牌。要发展特色产品品牌，扶持企业做产品品牌，做到最后区域品牌就出来了。区域品牌是一个概念，具体做法应该是由下而上，不是由上到下。但在由下而上的过程中，因为下面没有人操盘，所以把农业品牌就搞得散乱小。

六、地方独占性的特色产品，都有可能做成大品牌

新农财：就像世界观有唯物主义与唯心主义之分，品牌培育思路也有类似的分野，有人认为要从具体的产品品种和品质等客观性状出发，再结合当地的风土人情、历史传说或生产者的故事，培育相应的品牌；有种几乎对立的观点认为，品牌精神是先天的和超验的，可以独立存在，可以被品牌培育者赋予相关的产品。对这两种观点您怎么看？

陈明：我一直认为品牌是灵性世界的东西，就像宗教一样，讲不清、摸不着，却很有征服力，是灵魂的感召，不是物质的打动，所以针对品牌讲的人情、历史，可以脱离物质属性。当然，如果一门心思打磨产品，像德国、日本那样不管什么灵性不灵性，把产品做到极致也行，极致就是工匠精神，也是一种灵性嘛。

⑧ 新农财：好的品牌就是它的物质属性和灵性刚好结合到一起了？

Ⓐ 陈明：好品牌一定是物质属性和精神属性融为一体，就是产品做到了极致，精神也到了极致。两者不可分离，精神方面可以体现在产品上，产品消费过程中又能体验它的精神。有些品牌做得不好，就是精神拔得很高，产品却做得一般，像小罐茶，最后就做不下去了。为什么说做产品一定要做到极致，因为精神拔得那么高，从产品里却得不到极致化的体验，精神感知就会打折扣。所以，我们讲"两翼齐飞"的概念，产品质量、技术创新要做好，品牌关系、品牌体验也要做好，这样两个翼就都能飞起来。

⑧ 新农财：说到灵性的东西，会不会觉得有点玄？

Ⓐ 陈明：是有点玄，但不虚，因为做品牌有一套科学的方法。做农业品牌，请尊重品牌的专业知识，不要拍脑袋想当然。品牌是个灵性的东西，灵性的东西要离人近一点，离产品远一点，只有这样做品牌，才能真正领悟到它的道理。农业有做品牌的基础，因为它有差异化的东西，有道地性。农业品牌最有可能诞生世界级品牌，全世界只是你有，别的地方都没有，而且要到你那里才能吃到，那不就是世界级品牌了？什么时候中国的农产品有这个魅力呢？比如妃子笑荔枝，只有到茂名才能吃到真正的妃子笑，去其他地方根本吃不到，这就是品牌了，卖到印度经过保鲜处理的妃子笑，就不是妃子笑的味道了。做数量和做品牌是两个不同的概念，品牌就要做质，产品追求做量，质和量要统一协调。我们现在只有量没有质，但是量又做不大。

桂味荔枝

⑧ 新农财：您觉得广东有哪些产品最有可能做出世界级品牌呢？

Ⓐ 陈明：只要某个地方有特色独占的产品就有这种可能，因为全世界其他地方都没有，这就是你的品牌基础，关键是怎么让消费者慕名而来、倾巢而动，花多少钱都要来吃。比如广东的妃子笑、桂味、仙进奉、挂绿等，那么好的产品，做到世界级了吗？就算是品种，也要设法转化成一种特殊的需求，像普洱茶就

仙进奉荔枝

转化了。普洱茶已不仅是一种茶，而是一个比较好的区域品牌，但还没有成为消费者心目中的好品牌，更称不上世界级品牌。

⒬ 新农财：国内国际经济双循环相互促进的经济格局，对我国的农业品牌创建工作提出了哪些新要求，又存在什么新机会？

Ⓐ 陈明：无论国内还是国际，都是卖给了不同的市场。国内市场有国内市场的特点，境外市场有境外市场的特色。我们目前出口境外的东西还是产品，并没有卖品牌。不同国家消费者的需求是不一样的，比如一加手机就专门针对非洲人做了一款识别黑脸的手机，在非洲卖得非常好，这是针对特定市场开发的产品，在非洲人心目中这就是品牌。做国际贸易一样要懂得和消费者发展关系，重视消费者的体验，关系和体验始终是做品牌的核心。

所以，一个品牌就是一类人群关系，一个独特承诺，一种伟大体验，这些做到了，品牌就出来了。如果这个品牌里面没有消费者关系，没有体验，没有承诺，就不叫品牌，只是一个符号，一套 VI（视觉表达体系），仅此而已，其他都是假的。

第三章

农业品牌培育与营销

关于农业品牌，就注册的商标性质而言，按照《中华人民共和国商标法》的分类，涉农商标可分为商品商标、服务商标、集体商标、证明商标。其中，以商品商标、服务商标注册的品牌，可称为企业品牌或产品品牌，以集体商标、证明商标注册的品牌，可称为区域公用品牌。

根据本书提出的农业品牌培育方法论，新农财团队对"种植匠"、"驮娘柚"、"山瑶脆柑"和"啵啵脆"荔枝等企业（产品）品牌的培育，从品牌故事、品牌主张、品牌形象、品牌传播、品牌产品、品牌意义等方面，进行了详细的论述，全面展现了一个品牌从命名到打响知名度的全过程。用一套类似于程序化的"动作"表明，这种品牌培育模式是可落地、可复制、可推广的。

另外，针对区域公用品牌，新农财团队结合自身对品牌理论的理解和品牌运营服务经验，对广东荔枝、广东菠萝、连州菜心、兴宁丝苗米、连州水晶梨等广东省级和县级区域公用品牌的传播与营销方面进行了梳理和总结，力图揭示在当前由政府主导的区域公用品牌发展格局下，农产品区域公用品牌如何走出一条从"品牌造势"到"产品造市"的有效发展路径。

一、企业品牌培育实践

（一）"种植匠"：执匠心，守农道！

从字面理解，所谓"种植匠"，就是从事种植业的"匠人"。"种植匠"名称的得来，是从木匠、泥水匠、篾匠等传统手工艺人的称谓以及近年来国家高层多次提及的"工匠精神"中得到的启发。新农财团队创造性地提出了"种植匠"一词并注册了品牌商标，同时提出了"种植匠"的定义。作为一个品牌，在商业上，新农财应用于优质的农产品以及生态肥料产品。

为培育"种植匠"品牌，新农财团队联合媒体策划了一系列富有创意的品牌营销方案，如"十万重金征集'种植匠'之歌"、人大代表向两会提交建议倡导"种植匠"精神、举办"中国'种植匠'创新大赛"活动等。在新农财团队的努力下，"种植匠"品牌理念不断深入人心，获得各界广泛认可，包括广东省农业农村厅、南方报业传媒集团等单位都曾大力倡导"种植匠"精神，并举办了"种植匠"系列先进人物的评选活动。从某种意义上说，"种植匠"已经被视为一个种植业的认证品牌，品牌内涵与外延具有较大的拓展空间。

品牌故事

2015年底，受到"大众创业、万众创新"的感染，南方农村报社的领导抓住媒体转型的契机，推动广东南方报业传媒集团有限公司与上市公司深圳市芭田生态工程股份有限公司（以下简称芭田股份）合作成立一家以"数据＋品牌农业"为业务特色的新公司——广州农财大数据科技股份有限公司（现为广州新农财数据科技股份有限公司，简称"新农财"），当时的南方农村报社经营负责人毛志勇以及部分报社员工离开工作多年的媒体单位，负责新公司的业务运营。

新公司确立了品牌农业的业务方向，也提出了"让品牌农业成本更省"的理念，但自己的核心品牌和主张应该是什么呢？作为资深媒体人和新公司负责人，毛志勇对这个问题非常较真——这个名称既要能准确地体现乃至概括新公司的业务特点，同时也要达到简洁好记，利于推广和传播的目的。

这实际上就是要把新公司业务层面的两个关键点想清楚：公司要做什么？公司的客户是谁/公司为谁服务？

股东资源优势以及核心团队的专业能力决定了新公司的主要业务是在种植业。那么种植业的痛点可能就是新农财的机会，这个产业的痛点基本可以概括为：（农产品）种不好、卖不好！这也意味着，新农财坚持品牌农业的目标，就是要通过品牌化的生产、包装和运营，使农产品在生产端实现种好，在销售端实现卖好，解决产业痛点，实现产业链效益提升。

搞清楚了要做什么，那么谁是新农财的服务对象其实也清楚了：能够坚持生产和供应好产品的种植者。只有他们才能联结生产端和供应端，是产业升级的核心力量。这个群体的基本特征可以概括为比较专注于种植水平的提升，对产品品质能够做到精益求精、力求完美。这不正是新时代所需要的"匠心"吗?！

因此，当毛志勇提出"种植匠"这个概念时，几乎所有人都觉得眼前一亮！它含义丰富却又容易理解："种植匠"不但指称高水平的种植者，而且把种植业与匠心这两个词语组合在一起，还意味着种植业在新时代的传承与创新；有的人还认为，它天然可以让人联想到优质绿色的农产品；再往生产工具方面延伸，有机肥料、高科技农机农具等，贴上"种植匠"的标签，都可以令人感觉到"品质好"的强关联性。总之，"种植匠"的产业属性和公共属性都很强，绝不仅仅局限于一个企业及其产品品牌的范畴。如果培育得当，"种植匠"有望成为一个具有生命力的品牌，当然，它后来所产生的社会效应也证明了这一点。

从2016年1月初开始，围绕"种植匠"的一系列品牌培育的策划应运而生：重奖10万元向全社会征集"种植匠"歌词歌谱、启动"中国种植匠创新大赛"活动、开展种植匠人故事报道等，这些策划得到《南方农村报》等媒体大力支持和重点报道，很快在社会上引起热烈反响。

出乎意料的是，在"种植匠"概念提出不久，一股强大的"东风"加速推动了"种植匠"的传播。

　　2016年3月5日，李克强总理在政府工作报告中提出，鼓励企业开展个性化定制、柔性化生产，培育精益求精的"工匠精神"。这是国家领导人在全国两会这样的重大场合首提"工匠精神"！"工匠精神"随即在全社会迅速流传开来，并入选了2016年十大流行语，成为制造行业的热词。随后，不仅制造行业，各行各业都在提倡"工匠精神"。

　　这样一个超级"风口"足以让"种植匠"起飞。

　　南方报业传媒集团（以下简称"南方报业"）快速响应，其全国两会全媒体直播室邀请了全国人大代表、时任广东省社会科学院产业经济研究所所长向晓梅等就"工匠精神在农业领域的应用"进行访谈，"种植匠"精神得到人大代表们的高度推崇，全国人大代表李瑞伟更是在2016年全国两会期间提交了人大议案《关于大力倡导"种植匠"精神　推动农产品质量提升的建议》。

　　此时，"种植匠"这个话题已经被彻底引爆，取得了足够轰动的社会效益。而此前的策划——10万元重奖征集"种植匠"歌词歌谱、"中国种植匠创新大赛活动"等，在全国两会旋风的激荡下，得到更多媒体的进一步报道；同时新农财不断策划选题，联合媒体持续开展种植匠人故事系列报道，不断加码"种植匠"品牌的传播，持续提升话题热度。

　　这一系列"高举高打"的策划极具新闻性，又借势时代热点，得到了《南方日报》《南方农村报》等权威媒体的大力支持，"种植匠"也因此迅速成为网络热词，仅百度的检索量就高达100万条以上，至今保持着很高的热度。

　　从2015年底新农财成立以来，"种植匠"一直作为企业的核心品牌不断成长，从最初品牌理念的传播到"种植匠"品牌系列产品（驮娘柚、山瑶脆柑、小青柑、火龙果等）的推广销售，"种植匠"成了新农财"让品牌农业成本更省"理念的最佳实践范例之一，它几乎全面应用到公司的各项业务领域："种植匠"品牌农产品、"种植匠"生态肥料、"种植匠"内容平台等。

特别是在农产品业务过程的把控上，"种植匠"产品从采摘、分拣、包装、物流等多个环节进行精心把控，做好产品的商品化、标准化、品牌化，整个链条共同构成"种植匠"的农产品供应链品牌。

"种植匠"这个概念的社会反响也很突出。媒体方面，除了南方报业旗下各媒体，还有《广西科技报》、山东电视台农科频道、水果邦农人之家等；企业方面，有芭田股份、深圳农金圈金融服务有限公司、深圳田田圈农业服务有限公司、木美土里生态农业有限公司等；政府方面，有广东省农业农村厅、东莞市农业农村局、蕉岭县农业农村局等，都采用了"种植匠"这个概念。广东省农业农村厅还在全省开展"十大荔枝种植匠"等评选活动，并由省领导为入选者颁奖表彰。

品牌主张

基于"种植匠"的产业属性和公共属性，新农财提出了"种植匠"的定义：专注种植技术提升、对农产品品质精益求精、善于创新、敬天爱土的种植业从业者。

在此基础上，新农财进一步提炼出"种植匠"的品牌主张：执匠心，守农道！所谓"执匠心，守农道"，概括来讲就是指遵循农业自身规律，潜心深耕行业，耐心打磨种植技术，努力把控品质的匠心精神。具象到产品上，"种植匠"品牌就是要突出这是靠谱的、优质的产品。

品牌形象

为丰富"种植匠"品牌的视觉形象，新农财设计了"种植匠"的品牌logo。logo采用意象的笔法，呈现出一个带着淳朴笑容的中国农人半身像，他捧着刚收获的农产品，表现出发自内心的开心和满足，logo下方对"种植匠"理念做了阐述：执匠心，守农道。

"种植匠"品牌传播过程中有一个最为鲜明的特点就是媒体助力，政府背书，充分调动社会资源，令其快速成为行业和社会热点。当然，这些离不开精妙的品牌策划，而"种植匠"品牌策划的主线就是善于把握国家的"三农"政策导向，并深刻理解产业的发展趋势。

本文在此分享几个典型的案例。

联合媒体发起"重奖10万元征集'种植匠'歌词歌谱"活动

2016年1月，新农财联合《南方农村报》、芭田股份共同发起"种植匠"歌词歌谱征集评选活动。此次活动的目的是要把"匠人精神"引入农业种植领域，深入挖掘和展示一批能够凸显现代"种植匠"精神的优秀音乐作品，并通过大范围播放、传唱，大力宣传推介种植匠的"匠人精神"，赋予种植匠更高的社会地位及社会荣誉，使种植匠的美好形象深入人心。征集评选活动向全社会开放，由业界大咖担任评委对入选作品进行评审，获奖作品及其作者将获得荣誉证书及奖金，最佳作品作者将获得10万元奖金。

《南方农村报》率先发布《重奖10万元 "种植匠"征集歌词歌谱》的报道。该报道阐明了"种植匠"的定义，指出"种植匠"的提法在全国尚属首次，但数千年来，种植匠一直存在，他们用追求极致的精神和孜孜以求的行动诠释着名字的内涵。在不远的未来，尤其是在中产阶层形成和农产品电商充分发展之后，优质农产品的价值将进一步提升，而"种植匠"就是优质农产品的供应源头和信心保证。报道还特别指出，"种植匠"理念与党中央提出的农业供给侧结构性改革，"鼓励农业由数量型向质量型转变"的政策方向正好吻合。

南方网、新牧网、中国农资、农财网等媒体以及新浪、搜狐等网络平台都对此进行了持续的报道和转载。该活动在社会上引起了强烈反响，来自不同阶层和不同领域的人群积极参与，作词

《南方农村报》2016年1月21日07版报道

谱、写赞歌，赞扬备受人们尊重的"匠人精神"。

征集活动共收到近500首"种植匠"词曲，作者来自行业协会、主流媒体、普通高校以及一些音乐爱好者，作品数量之多，质量之优，均超过预期。值得一提的是，本次活动还收到来自中国音乐文学学会、中国大众音乐协会等领域知名专业人士提交的60余篇词曲，这些专业人士的积极参与，将活动推向了高潮。

本次活动评选出的《天地匠心》《中国种植匠》《种植匠之歌》等不少优秀作品传唱至今，"种植匠"品牌也随着种植匠歌曲的传唱不断传播。

天地匠心

中国种植匠

种植匠之歌

手机扫码可聆听歌曲

首届"中国种植匠"歌曲征集活动获奖名单		
一等奖	空缺	
二等奖	《天下粮仓（天地匠心）》 词/王广鲁	曲/柯德胜
三等奖	《中国种植匠》 词/杨厚爽 《种植匠之歌》 词/鲍方	曲/孙树森 曲/杨琳
入围奖	《种植郎，种植女》 词/黄战果 《如今的种植匠最风流》 词/陈雷	曲/刘敖宁 曲/王海

联合媒体发起"中国种植匠"大型公益活动

在成功推出第一波"种植匠"歌曲征集策划后，新农财又联合《南方农村报》、芭田股份顺势发起"中国种植匠"大型公益活动——2016千万种植匠工程，并于2016年1月29日在惠东县山瑶脆柑基地隆重举办了活动启动仪式。此次活动得到全国农业技术推广服务中心的大力支持和指导：首席专家高祥照专门为活动发来贺信，信中指出，中央1号文件强调的农业供给侧结构性改革，鼓励农业从数量效益向质量效益转变，如何在资源环境约束下保障农产品有效供给和质量安全、提升农业可持续发展及农业效益竞争力，需要种植者精耕细作，需要"匠人精神"。高祥照还特别称赞："中国种植匠"活动在农产品生产源头，挖掘种得好、卖得好的种植匠，打造一批优质农产品示范生产基地、推进农业标准化生产、提升农产品质量，是利国利民的好事。

时任南方农村报社主编陈永出席活动并致辞

时任广东省耕地肥料总站
副站长林翠兰出席活动并致辞

与会嘉宾共同启动2016
千万种植匠工程

《南方农村报》专版报道
"中国种植匠"启动活动

时任南方农村报社主编陈永、时任广东省耕地肥料总站副站长林翠兰、芭田股份高管杨永藩等领导嘉宾到场参与活动并发表热情洋溢的讲话。林翠兰对"种植匠"精神给予充分肯定。她指出，长久以来，种植业普遍缺乏对品质的坚持，不少农民喜欢跟风、盲从，追求短期利益，导致种出来的农产品品质不高、标准化程度不足，缺乏市场竞争力。"匠人精神"的缺乏，使种植行业的健康发展严重受阻，更让农业企业基业长青变得异常艰难。此次《南方农村报》和芭田股份与时俱进，率先提出"种植匠"的概念和内涵，在种植领域提倡"匠人精神"，引起了行业和社会的广泛关注和热议，说明这确实触及了种植业问题的核心。广东省耕地肥料总站将大力倡导"匠人精神"，为种植匠和广大农户提供专业服务。

此次活动得到《南方农村报》《农资导报》和农财网等媒体的报道。

自2016年以来，"中国种植匠"公益活动持续在广东、山东、云南等农业大省举办，推出了一批涵盖水稻、柑橘、葡萄、柚子、荔枝等各类作物的种植匠，在种植领域乃至社会上产生了深远的影响。

全国人大代表倡议"种植匠"精神

2016年3月5日，李克强总理在政府工作报告中首提"工匠精神"后，新农财迅速反应，建议南方报业特派两会记者邀请人大代表就"工匠精神"进行访谈，并将话题引到由南方报业旗下媒体发起并已经在社会上产生一定影响的"种植匠"上。

从2016年3月5日下午开始，南方报业全国两会全媒体直播室邀请了全国人大代表向晓梅等，结合"新鲜出炉"的政府工作报告畅谈"工匠精神"在农业领域的推广应用。人大代表们从不同角度论述了"工匠精神"在农业领域的重要性。向晓梅表示，工匠精神是工业经济时代的一种产物，是一种精致化生产的要求，对农业生产同样适用。对农业生产来讲，实际上就是要从源头保证食品安全，从种植开始，原料、化肥、土地等要保证安全，还有就是提升农产品的品质和质量，也需要工匠精神。我们要在教育、科研、人才培养的过程中，培养一批真正具有工匠精神的种植者。"种植匠"精神就是要倡导通过创新提高农业产业化水平。

在2016年全国两会期间，《南方农村报》记者还采访了李瑞伟、谢舒雯、覃春辉等多位农业领域的全国人大代表，大家都纷纷表示，搞农业要有工匠精神，种植匠就是农村致富的带头人。

全国人大代表、茂名市茂南三高罗非鱼良种场场长李瑞伟更是向全国人大提交了《关于大力倡导"种植匠"精神 推动农产品质量提升的建议》，在全社会倡导精益求精的"种植匠"精神。建议提议，各级政府部门要弘扬"种植匠"精神，扶持种植匠，根据地方农业发展的特点，因地制宜做好规划，做大做强优势产业，培育一批优秀的种植匠，形成示范效应。建议提出，种植者应主动适应现代社会发展的要求，以"种植匠"精神为指引，追求对所种植品种的专业专注，沉下心来深耕行业，耐心打磨种植技术，努力把控品质，以安全优质农产品创造财富，并引领带动周围农民共同提高种植水平。

《南方日报》、南方网、《南方农村报》、农财网、新牧网、中国农科新闻网等媒体纷纷跟进，进行了大量报道。距离新农财提出"种植匠"概念尚不足三个月时间，汇聚了天时地利人和各项有利条件和各方优势资源，"种植匠"一词迅速成为社会热点。

媒体报道全国人大代表热议、倡导"种植匠"精神

广东省农业农村厅推介"种植匠"品牌

"种植匠"理念从一开始便得到广东省农业农村部门的关注和认可，有关领导多次出席和参与"种植匠"相关品牌活动，政府网站也多次转载有关报道。

2018年，广东省农业农村厅主办"中国国际荔枝产业大会"，大会专门开展了评选推介"广东荔枝种植匠"的活动，以此弘扬"匠人精神"，树立行业标杆，推动广东省荔枝产业绿色发展、提质增效，促进果农持续增收。

为确保"广东荔枝种植匠"评选推介活动顺利开展，广东省农业农村厅向各地级以上市农业农村局，各有关单位专门印发了

《南方农村报》专版报道"广东十大荔枝种植匠"评选结果

《关于开展评选推介"广东荔枝种植匠"活动的通知》（粤农办〔2018〕195号），要求各单位组织做好"广东荔枝种植匠"的推荐工作。

此次由省级农业农村部门主导发起的"广东荔枝种植匠"评选推介活动持续2个多月，按照"自愿参评、公正公开、大众参与、专家评审"的有关原则，经过资格审查、网络投票、专家评审的评选程序，最终按综合得分评出10位获奖者。

该活动的评选标准、评审程序以及活动进展等都通过权威媒体向全社会公开，在广东省乃至全国荔枝产业中引起巨大反响。10位获奖者在2018年中国国际荔枝产业大会的开幕式上被授予"广东十大荔枝种植匠"称号，广东省政府领导、中国工程院院士等为"广东十大荔枝种植匠"颁奖。

值得一提的是，此次"广东荔枝种植匠"评选推介活动还得到涉农金融机构——广州农商银行的大力支持。该行网络金融部不仅积极参与"广东荔枝种植匠"的调研工作，还推出定制的种植匠银行卡，该卡享有办理业务费用减免，开通"三农"、小微普惠贷款绿色审批通道，业务高效审批等优惠政策。

同时，广州农商银行还联合新农财，发起"种植匠"培育计划，并设立了50亿元的专项授信资金，面向广东特色产业工匠、农业种植匠人等行业带头人定制特色授信业务，推出专属系列贷款产品"太阳·匠人贷"。

"太阳·匠人贷"对种植匠人的单笔授信额度不设上限，农业固定资产投资借贷期最长达10年，流动资金周转用途可长达5年。首批授信利率仅5.22%，农户可以在线上申请贷款，贷款随借随还，循环使用。此次评选出来的"广东十大荔枝种植匠"中，有7名种植匠获得广州农商银行优惠贷款授信。

品牌产品

新农财将"种植匠"首先运用在农产品上，毕竟能让消费者直接感受的就是种植匠们所生产的优质农产品。具体到一款产品或者说能够上市的商品，从表象上，其构成的要素包括产品、规格和包装，而背后则是产品等级标准、质量把控（品控）、物流等诸多环节。为此，新农财成立了专门的农产品团队负责运营，设置了品控、销售、客服、推广等业务岗位。理论上，"种植匠"品牌适用于所有优质农产品，但对于新农财而言，主要还是对岭南的特色农产品开展营销业务，比如荔枝、柚子、菠萝、皇帝柑、火龙果、百香果等。

在互联网时代，产品的营销离不开内容的营销，推广产品也是在做品牌营销，即产品品牌化、品牌内容化、内容产品化。

新农财开设了岭南鲜微信公众号，持续进行内容运营，发掘匠人匠心优质农产品，打造新型特色农业品牌。同时，还对符合"种植匠"品牌标准的产品进行包装推广销售，搭建了种植匠-岭南鲜微商城，所有符合"种植匠"标准的优质农产品在经过专业的包装后，都可以在种植匠-岭南鲜微商城上架销售。

岭南鲜平台推广销售
优质农产品

"种植匠·小青柑"品牌产品

小青柑是中国陈皮之乡——广东新会地区特色茶类产品。它是用未成熟的茶枝柑果和云南普洱茶相结合制成的加工茶类。它的全名是小青柑普洱茶，是柑普茶类产品的重要成员。小青柑中挥发油的含量特别高，还含有丰富的橙皮苷，更含有丰富的茶多酚和黄酮类化合物，具有健胃理气、化痰止咳等保健功效。

"种植匠·小青柑"来自新会区一位拥有10多年柑普茶制作经验的种植匠人。茶枝柑全程采用有机生态种植，并选用10年以上树龄的茶枝柑果，柑果油胞圆润饱满，陈化后的"果霜"明显，其与云南勐海出产的顶级"宫廷"熟普洱茶充分交融，经过独特的生晒工艺和近十道复杂工序，最后出品的小青柑清甜，熟普味浓，柑香醇滑，耐泡度在20泡以上。"种植匠·小青柑"存放后还会慢慢陈化转换为不同味道。

（1）**品牌包装**。对符合"种植匠·小青柑"标准的产品专门设计包装，分别设计了18粒及25粒装的"种植匠"品牌专属礼盒包装。包装内附有小青柑制作流程，科普性高；消费者据此可以参与、互动和分享。

"种植匠·小青柑"包装

以积分兑换方式销售

火龙果"太阳·种植匠"网络评选

（2）**品牌产品销售**。"种植匠·小青柑"兼具"青皮陈皮"和"熟普茶"的优点，柑皮厚实、果香浓郁，普洱茶金芽吐露、条索清晰，既有小青柑浓郁的柑香味，又有普洱茶的醇厚甘甜味，广受消费者喜爱。"种植匠·小青柑"一上市，很快就卖断货。

新农财制作的"种植匠·小青柑"除了在种植匠-岭南鲜商城推广销售外，还联合广州农商银行太阳集市（现名为"金米集市"）推广销售。以积分兑换、零售等方式在其平台常年销售，使得消费者对"种植匠·小青柑"的购用更为便捷。

"种植匠·火龙果"品牌产品

火龙果是华南特色水果，市场接受度高。2018年，新农财联合广州农商银行太阳集市策划了"种植匠品牌农产品评选推介"活动，其中一项便是推出火龙果"太阳·种植匠"网络评选，报名参与评选的火龙果种植能手有10人，累计投票29 262次，访问次数高达51 072次。通过资格审查、网络投票、专家评审等流程，综合评分选出了1名火龙果"太阳·种植匠"。获评此称号的是来自清远市清新区的郭锐锋。具有十多年种植经验的他，能在秋季里吸引一大批珠三角游客慕名前来观光采摘，能让火龙果在寒冬腊月里依旧开花结果。

郭锐锋参考我国台湾的种植方法，在合理规划园区的基础上进行规范性管理，并按照自己的思路，采用高产、高密植的种植技术。他从台湾引进新品种，进行错峰上市，经过他的创新思维，做到了人无我有，人有我精。

清远市位于北回归线以北，山区里的冬天非常寒冷，对于火龙果这种热带水果来讲，在这里露天过冬还要开花结果，并不是一件容易的事情。但郭锐锋做到了，即使在秋冬季的周末，他的果园仍旧游人如织，火龙果供不应求。

郭锐锋种植的火龙果之所以更耐寒，与他匠心独运的种植方法密不可分：从某些不受严寒影响的火龙果树上剪下枝条繁衍，筛选出一批耐寒性较好的种苗。经年累月，这些选育出来的抗寒品种能抵御−2℃的低温。

匠人大都率先掌握先进的生产工具和技术。郭锐锋的火龙果采摘园使用了补光设施，这些灯光装置是火龙果能在冬春两季持续开花结果的秘诀。火龙果是热带水果，需要足够的光照和适宜的温度才能更好地生长。采用灯光来弥补光照时间不足是通用的办法，但在清远地区，哪种光谱对火龙果催花效果最理想，并不明确。郭锐锋经过数年的持续试验，最终摸索出了最理想的补光应用方案。

匠心付出，回馈丰厚。尽管天气转凉，但郭锐锋种植的火龙果糖度没有低于20°，并且颗颗个头饱满。郭锐锋的火龙果不仅是品质优秀的农产品，更是传递匠心精神的果实承载。《这！就是火龙果太阳·种植匠！》内容发布后，通过腾讯视频等网络平台传播，"种植匠·火龙果"产品得到越来越多的认可。

火龙果种植匠视频

（1）**品牌包装**。新农财联合广州农商银行专门对"种植匠·火龙果"进行了包装设计，并以"寻味大红——匠心红似火，甜蜜多寻味"的品牌标语高度概括这款红心火龙果的匠心品质。品牌包装简约大气、辨识度高，适用于礼品往来和电商销售，规格为2.5千克装。

"种植匠·火龙果"包装

种植匠 红心火龙果自然熟现摘5斤装（原种台湾大红系列）

"种植匠·火龙果"上架广州农商银行太阳集市平台

（2）**品牌产品销售**。新农财联合广州农商银行太阳集市共同推广销售"种植匠·火龙果"。消费者对"种植匠·火龙果"的好评度很高，有不少消费者反馈，说印象中从来没有吃到过这么甜的火龙果。"种植匠·火龙果"从策划到推广以及品牌化销售全过程的实践，证明了匠心出品的品牌农产品具有很高的复购率。此外，品牌效应也逐步凸显，"种植匠"品牌产品售价比同类产品平均市场价格高出1倍以上，而且销售仍然火爆，供不应求。

"种植匠·海藻营养液"产品

"种植匠"品牌除了应用在农产品上，新农财还将其往上游延伸，应用在农资产品上。这看起来似乎有点违和，但新农财团队考虑到，品牌农业或者说品牌农产品的背后，是一个包括了种植、采摘、分拣、包装、物流配送等各环节的完整产业链，是一个品牌化生产的全过程。换言之，品牌实际上是一条产业链最后的结果，如果一个产业在源头就能得到保障，那结果的可信度自然会大大提高。

因此，有助于品牌化生产的优质农资产品，同样符合"种植匠"理念，同样适用于"种植匠"品牌。新农财从绿色种植的角度出发，打造了一款生态型肥料产品——种植匠·海藻营养液。

"种植匠·海藻营养液"精选进口优质海藻为原料，采用特殊的物理和生物工艺处理，提取海藻中的精华物质，保留海藻的高生物活性。该产品不仅效果好，还非常安全，适用于绿色食品生产。营养液含有丰富的有机物质，包括海藻多糖、甘露醇、藻朊酸和多酚类物质等，以及钙、镁、锌等40余种农作物生长所需的矿物质元素。这款生态肥料产品能促进作物生长和根系发育，增强光合作用，对改善农产品品质，促进果实早熟效果明显，有助于种植者提高经济效益。

（1）品牌包装。"种植匠·海藻营养液"的产品包装为可装载20升液体的塑料圆桶，在生产上便于种植者冲施使用。该产品的包装桶结实耐用，施肥完成后，还可用于果园淋水灌溉以及田园家用，深受用户喜爱。

"种植匠·海藻营养液"包装

（2）品牌产品销售。"种植匠·海藻营养液"自2016年上市以来，一直是新农财主推的一款品牌产品。在广东梅州柚子产区，该产品在柚子树上的应用效果突出，主要表现在使用后柚子树的叶色浓绿，叶片厚实，柚子果实饱满，充满光泽。不少种植户表示，"种植匠·海藻营养液"见效快，对提升蜜柚品质效果明显。新农财通过媒体对相关的使用效果案例进行了报道，几年累计下来，"种植匠·海藻营养液"在梅州地区销售达数万桶，同时收获了良好的口碑。

除梅州地区外，"种植匠·海藻营养液"也成了电商平台——农财购农资商城的爆款产品，每年销往广西、云南、江西、湖南等南方柑橘产区达到数千桶之多，是行业内具有一定影响力的品牌产品。

品牌意义

"种植匠"是新农财在农产品运营中唯一的通用型品牌。大体来说，新农财推崇品牌专用法则，实际上，除了"种植匠"以外，新农财注册的其他商标在实际应用中都只对应一种特定产品。为何"种植匠"是个例外？有两个原因，一是其他品牌都脱胎于具体的人物故事，源于具体的产业产品，如果延伸到其他产业产品难以产生关联；二是品牌精神的内涵对品牌的可延伸度有内在规定性，一般来说，品牌精神的内涵越窄，它的延伸空间就越小，品牌承诺就相对容易达成，因此，做成一个专用品牌的长期总收益可能大于品牌延伸。如上文所述，

"种植匠"品牌的诞生，源于当前所处时代对农业变革的要求，是对国家形势、时代精神、行业趋势和产业规律作出的响应，它的精神源头并不是具体的人物或产品，相反，具体的人物或产品只是它的映射，其精神内核"执匠心，守农道"清晰地表达了这一点。要实现品牌内涵对应的承诺，从纵向来说，仅靠农产品是不够的，要有产业链重要节点的支撑才可行；从横向来说，单个农产品是不够的，要有一系列高品质且有一定科技含量的产品才行；此外，最好还要有以种植者为中心，将横向和纵向各种要素组合在一起的平台。这就是"种植匠"品牌最终呈现的模样。

（二）"驮娘柚"：最好的心意，给最亲的人！

"驮娘柚"品牌源自一个普通人因帮扶他人而与种柚结缘的故事。这个平凡的故事体现了人性的真善美以及在任何时代都会被赞美的一种美德——孝义，因此，新农财认为它值得被刻画与传播。经过一系列的品牌策划，"驮娘柚"被培育成为一个融合客家孝义文化的农产品品牌。

"驮娘柚"品牌培育及运营思路主要分成几个部分：一是呈现了一个有温度的品牌故事。通过品牌故事将客家文化中的孝义精神与优质农产品成功"嫁接"，并通过新闻媒体及互联网广泛传播。二是策划及举办系列品牌营销活动，包括组织有社会影响力的知名人士为孝义精神代言等，结合中秋节庆不断扩大品牌的"朋友圈"，并借势媒体传播，持续提升品牌热度和影响力。三是联合当地政府部门共建"驮娘柚"扶贫产业园，开创品牌农业扶贫模式，赋予品牌更大的社会价值。四是借助电商渠道，开展产品众筹、网络销售等活动，让消费者通过购买和品鉴"驮娘柚"产品，加深品牌印象，使品牌真正走向市场。通过这一系列品牌培育行动的不断实施，"驮娘柚"已成为最具辨识度的广东柚品牌之一，并且在拉动梅州蜜柚产业发展、带动农民增收方面取得了良好的经济效益和社会效益。

柚子是广东梅州客家地区最具规模的特色经济作物，也是当地的主导产业。2015年底，成立不久的新农财遵循"聚焦特色经济作物主产区，从农产品品牌切入，反向整合产业链"的经营思路，迅速决策在梅州柚的核心产区——梅县区松口镇，投资成立了一家控股子公司——梅州市农管家农业服务有限公司，为当地柚子产业提供农资配送、农技指导等农业社会化服务，致力于帮助梅州柚实现"种好"。在这片土地上，新农财团队充分感受到了客家人的淳朴、勤奋和热情，业务开局顺利。

祝永旺是新农财团队服务的一位柚子种植户。他中等身材，略显黑黄的脸上常常挂着友善的笑容。白天任何时候与他见面，他几乎都是身穿蓝色及膝的工装和套靴在果园劳作。他在梅县松口镇管理着一个超过1 000亩①的柚子园，规模在当地数一数二。他的管理水平很有一套，柚子园每年出产的柚子有相当一部分用于出口，产品的品质非常不错。

在梅州种柚子的祝永旺实际上是一个地地道道的肇庆人。从广东西部不出产柚子的肇庆到东部的梅州种柚子，祝永旺与柚子结缘有一段感人的故事。

20世纪90年代，中专毕业的祝永旺在珠海打工时受雇于一位祖籍为梅县的古姓老板，由于为人热心，做事厚道而深得信任。2006年，古老板70多岁的母亲不慎摔伤，身体每况愈下，工作繁忙的古老板请他最信任的祝永旺帮忙照顾母亲。由于老人居住的住宅楼没有电梯，他每天将老人背下楼，送到医院；晚上再将老人送回来背上楼。寒冬炎夏，风雨无阻。在近一年的时间里，祝永旺把老人当作自己的亲生母亲一般悉心照顾，感动了老人及其家人。老人在临终前特别叮嘱古老板，要好好对待祝永旺，就像对待亲弟弟一样。2007年初，老人没有顶住病痛的折磨离开人世。

---

① 亩为非法定计量单位，1亩=1/15公顷。——编者注

老人离世后，祝永旺便想结束打工生活回老家就业。为表达感谢，古老板极力挽留，并建议他到梅县松口镇帮忙打理一个一直效益平平的千亩柚子园，后来索性将果园承包给他。没想到，祝永旺竟然在这片柚子园扎下了根，开创了属于自己的一番事业。

种柚子是个技术活。此前没有种植经验的祝永旺能够把柚子种好，靠的是坚持不懈地学习和琢磨。为了将柚子种好，他把家搬到这片柚子园里，浇水、施肥、打药、除草、修剪等每一项农事操作，他都亲力亲为。他还坚持每天记录果园气象数据，以掌握果树的详细生长情况，适时调整种植方案，让柚子的品质变得更好。靠着这份用心，10年来，祝永旺逐渐成为一名真正的种柚子能手，果园的年产量也从刚接手时的30万千克提高到150多万千克，大部分达到出口欧盟的标准。

当祝永旺在柚子园讲述他的故事时，聆听者脑海里不断闪现的是他背着老人往返医院的画面。这是一个善良、靠谱并且有匠心的聪明人，他能把柚子种好是毫不奇怪的。虽说他服侍的是老板的母亲，但这里面并没有太多的功利色彩，更多的是充满温情和那种内化于心、外化于行的孝义精神。

客家之风，首推孝义。在外人看来，祝永旺所表现出来的这种特质是他能得到客家人古老板的信任，以及能够扎根客家梅州开创一番事业的重要原因。而且，祝永旺的这种孝义精神还被他成功地延续到了农产品上：用心做好产品，为社会提供更多优质、安全的农产品。这何尝不是一种更大意义上的孝义呢！

新农财团队根据他的故事，把他种出来的柚子取名为"驮娘柚"。"驮娘柚"的故事所要表达的核心价值观：一个有孝心的人，必定会凭着良心种植农产品，必定会在农产品种植源头把好质量关。因此，"驮娘柚"不仅是个农产品品牌，更是向社会传递孝义精神的果实承载。

这个策划思路形成后，新农财将祝永旺和"驮娘柚"的故事从新闻事实的角度进行塑造并通过媒体报道传播。《南方农村报》在头版头条以《十年匠心铸精品 "驮娘柚"传承孝心》，《南方日报》以《有孝心的人 会凭着良心种植农产品》为题同一天对这个故事进行了报道。在报道中被反复提及的"驮娘柚"也由此迅速"霸屏",一炮而红。

新农财趁势推出了一系列"驮娘柚"品牌营销策划:"驮娘柚"进入百度百科词条等网络百科全书名录,名人和乡贤代言推广孝义精神,成立"驮娘柚"扶贫产业园,产品众筹预售等,这些品牌策划案例成功落地后,"驮娘柚"不仅成了最具辨识度的梅州柚品牌,也成为客家孝义精神传播的最佳实物载体。

"驮娘柚"品牌的培育过程让人深刻感触到:孝义之情随人类诞生而萌芽,扎根于人的内心,自从人类社会实行家庭制后又绵延不绝,所以,一旦有个词能具象地表现出这种感情,就会让人产生似曾相识之感。2016年,也就是"驮娘柚"品牌推向市场的第一年,有位消费者很认真地问道,"驮娘柚"是个老字号吧?你们做了几年了?这,就是人类原始情感被触发的力量!

"驮娘柚"品牌也极大地带动了新农财在梅州子公司的业务。2017年,梅县区松口镇政府与新农财联合共建了"驮娘柚"扶贫产业园,依托"驮娘柚"品牌带动当地贫困户种柚脱贫。这个品牌扶贫模式成效显著,被广东省扶贫部门视为产业扶贫的创新案例,广东省、各地市扶贫部门和相关领导都曾到"驮娘柚"扶贫基地调研、考察。

"驮娘柚"是新农财培育农业品牌的最佳实践案例之一。在"驮娘柚"的品牌策划中,新农财非常注重对故事的新闻性和社会效应的评估,因为这有助于得到权威媒体的关注和报道,有利于品牌的培育和传播。事实也证明,省市各级媒体的大量宣传报道,是"驮娘柚"品牌得到快速传播和认可的最有力武器。

品牌主张

"驮娘柚"品牌的核心价值是行孝重义的孝义精神,这种精神在农产品上演绎的逻辑是:一个有孝心的人,必定会凭着良心种植农产品,必定会在农产品种植源头把好质量关。这样的农产品品质无疑是值得信任的,而信任不正是商业的本质么?!

那么，"驮娘柚"的品牌价值主张应该怎么来阐述呢？

柚子是中秋节家人团圆和馈赠亲友必备的水果，其谐音"游子""佑子"，具有团圆、吉祥之意。梅州出产的蜜柚最佳上市时期，恰逢象征着团圆的中秋佳节。正如《行路难》有云："寄言世上为人子，孝义团圆莫如此。"因此，在中秋节前上市的"驮娘柚"，天然地成为弘扬孝义精神的最佳水果代表。

新农财从产品营销角度并结合中秋节庆氛围，提出了"驮娘柚"的品牌主张：最好的心意，给最亲的人！自古馈赠亲友之礼，莫不是一种心意的表达，一份好礼，讲究的不只是价格贵重，相比价格，情感和文化才是心意的至真、至善、至美体现，也是打动一个人的核心因素。

所以，佳节送亲友，浓情"驮娘柚"！

品牌形象

针对"驮娘柚"品牌，新农财设计了一个非常贴近"驮娘"故事本身的形象logo：一个年轻男子背着一位老母亲，下方"驮娘"两个大字是对上面人物身份和行为的清晰阐述；"LOVE MUM"，爱妈妈，直白表达情感。

"驮娘柚"logo的整体形象，就是力图直接明了地传递一种价值观：爱老行孝。

品牌传播

"驮娘柚"品牌能够被成功塑造，新闻媒体功不可没。想要让媒体为品牌传播助力，品牌故事必须符合社会公共价值和新闻传播规律，品牌方需要主动挖掘题材推荐给媒体进行报道。

媒体持续报道，网络百科全书收录，"驮娘柚"成"网红"

2016年6月23日，《南方农村报》以《十年匠心铸精品 "驮娘柚"传承孝心》，《南方日报》以《有孝心的人，会凭着良心种植农产品》为题首先报道了"驮娘柚"的故事。很快，这两篇报道便被不少网络媒体转载，报道中反复提及的"驮娘柚"也迅速成了热词。"驮娘柚"自此开始了它的"走红"之旅。

农财网迅速接棒，连续推出《驮娘柚？又有农产品网红出现啦？快扶我起来看看！》《天呐，种驮娘柚竟然是这样的一群人！》《长寿老人都爱吃柚子！长寿之乡的"驮娘柚"迅速走红》等系列报道，大大提升了"驮娘柚"的热度。"驮娘柚"相关报道引发部分网友"好人有好报"的感叹，农财网、《南方农村报》迅速跟进，以《"驮娘柚"引发网友热议！好人是否有好报，你怎么看？》为题，发起了"好人是否有好报"的在线问卷调查。根据调查结果，很快又一篇报道《相信"好人有好报"的人超过50%！有善心的人更能获得帮助！》，为"驮娘柚"的热度再添了一把火。《梅州日报》也关注到祝永旺和"驮娘柚"的故事，并以《肇庆人祝永旺来梅种柚十年获评"中国种植匠"》为题进行了报道；新牧网、中国农资传媒、吾谷网等媒体也对相关报道纷纷转载，中国畜牧业有巨大影响力的新牧网还以《驮娘柚引发热议，有孝心就能养好猪吗？》《天呐，驮娘柚竟然是这样种的，和养猪人比有一拼》等为题，跨圈发起话题，更是让"驮娘柚"火出了圈。借助众多媒体的力量，在短短两三个月时间内，"驮娘柚"便迅速成为一个名副其实的"网红"品牌。

为巩固和提升"驮娘柚"的知名度，在媒体不断报道的同时，新农财编辑了"驮娘柚"词条，成功被百度百科、搜狗百科录入，成为网络百科全书中的专有词汇。

"驮娘柚"被百度百科、搜狗百科等收录后，其检索量不断上升，仅百度平台的检索量就达到5万条以上。

作为一款农产品品牌，"驮娘柚"产品能否得到市场的认可，才是品牌力的试金石。每年的产品上市节点，新农财都会精心策划有关话题并开展品牌营销活动，比如发起"柚见中秋、邮爱回家"的产品网络众筹预售活动，举办"驮娘柚"扶贫产品发布会等，并提炼出亮点内容吸引媒体的关注和报道。除了《南方日报》《南方农村报》《梅州日报》等省市主流媒体外，新华社旗下

《南方农村报》头版报道

《南方日报》专版报道

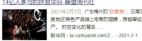

广东广播电视台报道驮娘柚扶贫

游子梦盼归　驮娘柚传情宣传片

《瞭望》周刊、中国网、中国经济网等中央级媒体也多次在报道中提及"驮娘柚"的产业示范带动案例。广东广播电视台、梅州广播电视台、梅县电视台等电视媒体更是多次以专题片的形式呈现"驮娘柚"的故事和产业带动情况。

一系列品牌活动和媒体报道不但提升了"驮娘柚"的知名度，还有力拉动了"驮娘柚"产品的销售业绩。一些渠道如广东农信社为推广销售"驮娘柚"产品，主动将"驮娘柚"故事的相关素材制作成精美的宣传片，放到其电商渠道和网络上传播。

在诸多重量级媒体的宣传推动下，"驮娘柚"成为梅州柚中最有辨识度的柚子品牌。

创新产业帮扶模式　建设"驮娘柚"扶贫产业园

"驮娘柚"走红后，新农财与祝永旺也加强了合作，共同建立了千亩规模的"驮娘柚"标准化栽培示范基地，提升"驮娘柚"在当地种植者中的辐射带动作用。"驮娘柚"也得到所在地松口镇党委、政府和梅州市、县农业部门的关注和支持。

从2016年开始，松口镇党委书记便与新农财董事长毛志勇经常探讨如何利用"驮娘柚"品牌影响力和新农财梅州子公司的社会化服务能力，建立一种"政府＋企业"合作带动贫困户脱贫的模式。在这个模式中，松口镇政府投入产业扶贫资金，支持建设"驮娘柚"扶贫产业园，产业园由新农财运营，为贫困户提供劳务岗位、技术指导、优惠农资等，并通过种植示范，支持贫困户发展柚子种植增加收入，达到"驮娘柚"品牌标准的柚子，由新农财优先优价收购。此外，对于松口镇政府投入的产业扶贫资金，新农财保证在合作期内，每年给予平均不低于8%的固定回报，这部分收入由政府统筹发给松口镇的贫困户。双方合作期为6年，期满后新农财归还产业扶贫资金的本金。

合作框架和细节谈定后，2017年3月28日，新农财及梅州子公司与松口镇政府举行了"驮娘柚产业园成立暨扶贫济困基金会发起签约仪式"，通过"政府主导，市场运作"方式建立

"驮娘柚"扶贫产业园,让当地有劳动能力的贫困户参与产业园建设。贫困户一方面可以获得劳务报酬,另一方面还可以分享产业园带来的效益分红。另外,新农财还承诺,每卖出一箱"驮娘柚"就捐出一元钱给松口镇的扶贫济困基金会。

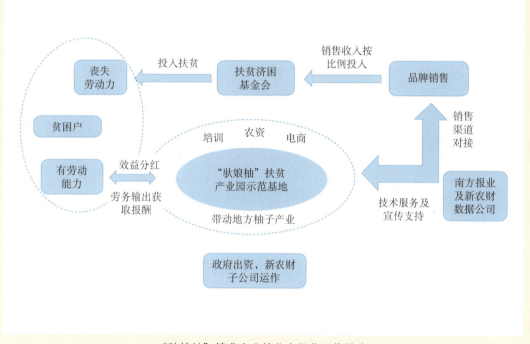

"驮娘柚"精准产业扶贫市场化运作模式

　　"驮娘柚"扶贫产业园的模式得到广东省扶贫部门的关注和支持,梅州市、梅县区扶贫部门和农业部门,以及南方农村报社的相关领导也亲临现场并致辞肯定这一创举。《南方日报》、南方+、南方网、《南方农村报》和《梅州日报》等诸多媒体不仅对成立仪式进行了多角度的报道,在该项目运行期间还持续给予关注和报道,引起了较大的社会反响,广东省农业农村厅、梅州市人民政府等官方网站也多次转载相关报道。而且,作为一种品牌扶贫的新模式,"松口镇扶贫产业园"还被百度百科、搜狗百科以词条形式收录。

驮娘金柚专业合作社场地

"驮娘柚"扶贫产业园项目运行期间，广东省扶贫部门、梅州市政府、梅州市农业部门以及梅县区委区政府等部门的主要领导都曾到"驮娘柚"示范基地考察调研，并对这一品牌扶贫模式给予高度评价。

"驮娘柚"扶贫产业园建起来后，为进一步发挥品牌带动作用，新农财组织成立了驮娘金柚专业合作社，购置了大型货车，租赁了大型仓库，完善品牌产业链，帮助广大种植户更快速更高价卖出高品质的柚子，提高效益。

"驮娘柚"扶贫产业园项目的落地，让"驮娘柚"的品牌知名度再次得到巨大提升，"驮娘柚"的品牌内涵也由孝敬亲友的小爱升华为帮助贫困户的大爱，所谓"老吾老以及人之老"是也。毫不夸张地说，"驮娘柚"至此已成为梅州最有影响力的柚类品牌，在梅州乃至广东的农业领域，几乎是无人不晓。

名人、乡贤代言推广"驮娘柚"

"驮娘柚"的品牌内涵是孝义精神，天然容易获得人们的情感共鸣。如何让"驮娘柚"走出梅州，得到更广泛的品牌共鸣呢？最好的办法就是让品牌与用户产生互动，并让用户愿意参与和分享。

新农财的做法是在中秋佳节前，邀请有影响力的人来代言传播，这既是为"驮娘柚"代言，也是为孝义精神代言。该活动得到众多社会贤达和行业名人的热情参与，累计超过100位各行各业的人士参与了代言活动。具体做法是：每个人提供一句有关"孝"的话语，并提供一张个人照片，制成一张"驮娘柚"推广海报，在朋友圈、社群进行转发传播。

2016年7月，新农财首先在农业圈发动企业老板、公司高管及行业专家等业界知名人士参与活动，大家的参与热情、认真程度之高超乎想象，很多人对自己的代言内容反复琢磨、推敲，直到认为最适合为止，还有不少人为了提供一张好照片，专门请摄影师拍摄甚至到照相馆拍照。

在代言活动中，大家"金句"频出，令人惊喜，"不让父母操心，就是最好的孝道""种善因，得善果""孝悌做人，诗书

企业家等代言推广"驮娘柚"

立业""百善孝为先，唯爱普众生"……这些话语情真意切，令人感动。不少企业家抓住这次代言机会，将孝义精神与自己的企业名称或价值观进行巧妙联结，在为"驮娘柚"代言的同时也帮自己的企业打了个广告。如"孝者兴家，易者兴邦"（青岛易邦生物工程有限公司高管张丽宏）、"富而思源，驮娘柚"（广东富爱思生态科技有限公司总裁张清永）、"驮娘柚，卓尔不群、赢（银）在未来"（广东卓银农资连锁股份有限公司董事长温国辉）……

众多知名人士高涨的参与热情充分证明，孝义精神成功地引起了社会的情感共鸣，"驮娘柚"则成为最好的载体。大家纷纷主动转发传播，"驮娘柚"品牌影响力进一步扩大，并且拉动了"驮娘柚"产品的销售，用"驮娘柚"送亲朋、赠客户，几乎成了当年中秋节农业圈的一种潮流。

此后，在每年的"驮娘柚"上市前夕，名人代言推广品牌活动几乎成为新农财的固定动作，从2017年起，代言人群扩大到美食达人、音乐人等社会各界知名人士。同时，"驮娘柚"品牌内涵进一步延伸，借助"驮娘柚"扶贫产业园建设的东风，在传递孝义文化的基础上，加入扶贫元素，向社会庄重承诺"每销售一箱柚子，捐出一元钱用于扶贫"，期望通过拉动"驮娘柚"品牌产品的销售，助力地方扶贫事业。

美食达人、音乐人等代言推广"驮娘柚"

"驮娘柚"众筹预售活动

发起众筹预售活动，是新农财推动"驮娘柚"品牌落地的重要策划。"驮娘柚"品牌影响力起来了，但市场接受度到底怎么样？这种堪称"高举高打"的品牌操作手法能否真的把农产品卖起来？大家都想得到一个答案。

柚子属于生鲜农产品，销售期不长，按照传统做法，找销售渠道洽谈价格、寄送样品、沟通物流等按部就班地推进各项工作，等到中秋节临近，产品上市了再慢慢卖，这样的做法也不是不行，但对于当时农产品销售经验、能力和渠道资源均不足的新农财而言，销售成绩估计会很惨淡，而且也得不到新农财想要验证"驮娘柚"品牌模式是否可行的真正答案。

214%的支持画,共1501位支持者!驮娘柚众筹落下帷幕!·惊喜
众筹项目开售以来,获得1501名网友的支持,以214%的众筹画超额完成目标。
中国27个省区,驮娘柚以极具味蕾内涵的感动故事,也因其优秀品质,以及争

驮娘柚实物众筹－柚见中秋 邮爱回家

驮娘柚,产自于广东梅州。种植人祝永旺因一片孝心感动贵人,并因此与柚子结缘,故他为自己种植的柚子取名为"驮娘柚"。本次众筹的是霉柚均产自15年以上的老树柚果,皮薄肉厚,甜度多汁。

目标金额	已筹金额	剩余时间
50000 元	174389 元	0天

美味驮娘柚 只送最亲人 中秋——众筹健康美味梅州蜜柚

驮娘柚,是广东梅州的孝义经济柚子。驮娘柚合作社成员是一群管理经验丰富的种植匠人,齐心种出匠心好柚在中秋节前上市。

目标金额	已筹金额	剩余时间
50000 元	51395 元	5天

"驮娘柚"众筹预售系列活动

众筹创出"驮娘柚"品牌
肇庆人祝永旺来梅种柚十年获评"中国种植匠"

《梅州日报》2016年8月24日02版报道

于是,新农财提前做工作,策划主题为"柚见中秋 邮爱回家"的"驮娘柚"产品众筹活动,在象征家庭团圆的中秋佳节来临之际,鼓励大家购买"驮娘柚"赠送亲朋好友,将最好的心意,送给最亲的人。

2016年,新农财在众筹网发起目标为50 000元的众筹,一份"驮娘柚"按产品规格不同,众筹价格分别为29元和39元。

众筹活动开启后,在新农财团队的大力推广以及名人代言的加持下,众筹进度堪称势如破竹。为期一个月的众筹活动,提前17天就完成目标,最终以107 115元的销售额,1 501人的支持人数,214%的完成率远超设定的目标。当然,众筹活动也极大地带动了产品的销售,2016年通过电商渠道完成了1.5万箱的销量。

这次众筹预售策划的成功,对于新农财团队和"驮娘柚"品牌来说均很重要。新农财提出了一个目标,在各界朋友的帮助下实现了它,这是市场对新农财的肯定;同时目标的顺利实现,也饱含着市场对"驮娘柚"品牌成长的一种美好期待。因此,对于当年的众筹活动以及后续进展,《南方农村报》等媒体给予了特别关注,并进行了报道。

2017年,在"驮娘柚"产品上市前期,新农财继续举办"柚见中秋 邮爱回家"主题众筹活动。在广州农商银行太阳集市平台发起目标为50 000元的众筹,最终以174 389元的业绩,349%的完成率连续第二年远超设定的众筹目标。

2018年,新农财再接再厉,在"驮娘柚"产品上市前,以"美味驮娘柚 只送最亲人"为主题,连续第三年在广州农商银行太阳集市平台发起目标为50 000元的众筹,结果提前5天达成目标。

连续的众筹成功,得到了《梅州日报》《南方日报》《南方农村报》等媒体的持续关注和报道。

举办"驮娘柚"扶贫产品上市发布会

2017年以来,经过对"驮娘柚"品牌的持续宣传和推介,特别是随着"驮娘柚"扶贫产业园的建设,"驮娘柚"品牌的内涵和外延不断得到升华和扩展。2017年9月1日,在"驮娘柚"即将

上市的前夕，新农财联合南方农村报社、梅州市农业局、松口镇政府等各级政府部门和有关单位，以及鲜特汇、岭南优品、经选商城等一批有影响力的电商平台和对口帮扶松口镇的驻村扶贫干部等，共同举办了"驮娘柚"扶贫产品发布会。主办方现场对扶贫产品"驮娘柚"进行了推介，并提出"销售一箱柚子，捐出一元钱用于扶贫"的品牌营销策略；同时举行了渠道商签约等活动，进一步把"驮娘柚"品牌与精准扶贫事业紧密结合。众多媒体对此进行了报道。

广东网络广播电视台报道驮娘柚扶贫：卖一箱柚子捐一元钱

"驮娘柚"扶贫产品发布会

《梅州日报》2017年9月2日第2版报道

举办"驮娘柚"杯好柚子大赛

品质是品牌的基础，"驮娘柚"经过数年的品牌培育和市场营销，社会知名度和产品销售量不断增加，品牌产品溢价明显。为进一步发挥"驮娘柚"品牌对梅州柚产业的带动效应，在梅州市及梅县区农业农村局、松口镇人民政府等政府部门的支持下，2019年4月9日，新农财联合金融单位、采购商、种植专业户、农资生产企业等柚果产业链各方代表，启动"驮娘柚"杯好柚子大赛，推动梅县区做大做强柚子产业。

大赛面向梅州地区征集示范园参赛，邀请业内知名专家及专业人士作为评委，公开对示范园进行点评，并为获奖果园或个人颁奖。此次大赛还在梅州范围开展短视频比赛，意在激励农户利用新型互联网工具宣传推广自家柚子园，开展电商销售，真正实现种好、卖好梅州柚，获奖农户将获得丰厚的物质和现金奖励。

举办"驮娘柚"杯好柚子大赛

为办好本次活动，新农财引入了普惠金融支持柚农发展产业。新农财子公司梅州农管家与梅州农商银行在金柚产业振兴的金融服务方面达成战略合作，首批授信额度1 000万元用于支持梅州柚农种好柚子，提升产业效益。农户通过存单质押的方式申请农资贷，在享受银行定期存款利息上浮50%的优惠外，还能得到梅州市农管家农业服务有限公司的农资授信支持，减少农户的种植投入压力。

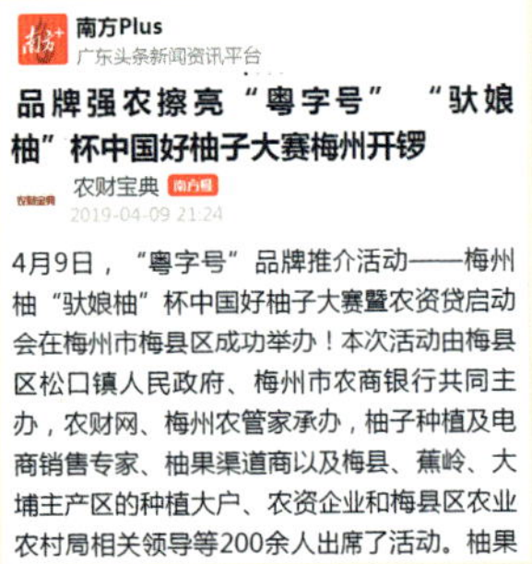
南方Plus
广东头条新闻资讯平台

品牌强农擦亮“粤字号”　“驮娘柚”杯中国好柚子大赛梅州开锣

农财宝典 南方号
2019-04-09 21:24

4月9日，“粤字号”品牌推介活动——梅州柚“驮娘柚”杯中国好柚子大赛暨农资贷启动会在梅州市梅县区成功举办！本次活动由梅县区松口镇人民政府、梅州市农商银行共同主办，农财网、梅州农管家承办，柚子种植及电商销售专家、柚果渠道商以及梅县、蕉岭、大埔主产区的种植大户、农资企业和梅县区农业农村局相关领导等200余人出席了活动。柚果

南方＋报道“驮娘柚”杯好柚子大赛

借势“驮娘柚”杯好柚子大赛，梅州市农管家农业服务有限公司定期举办优秀柚子园示范观摩会，激发了广大柚农的参赛热情，让大家比学赶超，努力提升柚子园管理水平。经过持续全年的宣传推广，在柚子上市前夕，超过100家优秀柚园提供高品质的产品参与好柚子评选角逐，经过现场评委口感品鉴评分、专家质询等严格的评选环节，评出了一批梅州好柚子、年度好柚子园以及柚子种植匠。

南方＋对本次大赛进行了专题报道。通过举办好柚子大赛活动，“驮娘柚”的知名度在梅州柚产区更加深入人心，成为梅州柚品牌培育的标杆。

卖柚子做公益！梅州“驮娘柚”今天正式开采_南方plus_
2017年9月15日 - "9月15日，由农财网和梅州市农管家农业服务有
仪式在梅州市梅县区松口镇举行，宣布着梅州的品质蜜柚——“驮
南方Plus客户端 - static.nfapp.southcn.com/... - 2017-9-15

农资厂家助力扶贫,驮娘蜜柚今日开摘 - 种植匠 - 农财网 中国种植匠的
由农财网和梅州市农管家联合举办的驮娘柚开摘仪式暨松口镇
贫济困协会接赠... 农财网总裁毛志勇、梅州市农管家总经理周
支持本次活动的农资
www.ncw365.com/h... - 2017-9-16

“驮娘柚”品牌营销的重要活动大多放在柚子上市前夕举办，但在一些重要的节点，新农财也会推出相关的品牌策划活动。比如2017年9月15日，在“驮娘柚”开摘当天，新农财联合松口镇政府和一批国内知名农资企业，共同举办了“驮娘柚开摘仪式暨松口镇驮娘柚扶贫济困基金会授赠仪式”，各大企业对“驮娘柚”品牌扶贫的公益举动高度认可，大家纷纷采购“驮娘柚”和捐赠物资，以实际行动表达对“驮娘柚”扶贫公益事业的支持。活动当天，扶贫济困基金会即收到捐赠资金和物资超过6万元。

扶贫敬老“驮娘柚”重阳献爱心

南方农村报讯　10月5日，驮娘柚种植基地所在的梅州松口镇铜琶村，驮娘柚种植基地负责人祝永旺（图左一）、农财网负责人、梅州农管家公司负责人等在村支书李启强的陪同下，看望走访了该村11户贫困老人，并为老人们送上重阳节爱心红包。

今年7月底，祝永旺联合农财网发起众筹，共获得全国近30个省、1501名网友的支持，以214%的支持率超额完成目标。根据计划，部分众筹资金将用于当地公益扶贫事业，因此，重阳节临近，铜琶村的贫困老人都收到了一份爱心红包。

铜琶村的11户贫困老人因经济来源有限，且由于自身或子女身体残疾或重病，导致生活贫困。如90多岁的赖保春老人患有老年痴呆症，目前和70多岁的儿子一起生活，家庭收入主要靠几亩柚子的产出。79岁的李汝先老人是家里的顶梁柱，他和妻子要照顾身体残疾的外甥，收入仅靠几十棵柚子树。

据李启强介绍，祝永旺来铜琶村种柚子十年，和村民相处融洽，一直热心村里的公益事业，出钱出力。

祝永旺表示，驮娘柚的品牌内涵就是孝文化，目前力量有限，资助仅限于铜琶村，他将努力做好品牌和产品品质，今后品牌发展壮大，在社会各界的帮助下，会有更多的资金和力量投入到公益扶贫事业。他还介绍，再有一个多月，基地的沙田柚也将上市，目前看果实的长势和品质都不错，这段时间他将加强果园管理，届时，各位关心驮娘柚的热心人士又能品尝到风味上佳的柚子了。（慧旸）

《南方农村报》2016年10月专版报道

另外，在尊老敬老的节日重阳节，新农财举行了“驮娘柚”兑现捐赠承诺，为贫困老人献爱心活动。在“驮娘柚”基地负责人祝永旺的带领下，新农村团队看望当地贫困老人，并献上爱心红包。这一善举得到了《南方农村报》的专版报道。

随着权威媒体报道、地方政府背书、社会名人代言、品牌产品发布等一系列品牌营销举措的成功实施，“驮娘柚”品牌可以说真正地立起来了。

"驮娘柚"重阳献爱心活动

品牌产品

"驮娘柚"产品自上市以来，一直收获着良好的市场口碑。从2016年开始策划"驮娘柚"品牌时，新农财便同步启动了产品的市场销售计划，确立产品规格、定制品牌包装、沟通快递物流等，以及在正式发货时派驻专人在现场做好品控。在产品销售推广方面，新农财除了通过众筹等方式开展预售外，还积极拓展了一批优质电商渠道以及企业集采、社区团购渠道，当年"驮娘柚"品牌产品的销售额便突破了100万元。

品牌的基础在于品质。好柚子应该具备什么样的品质？又该如何定义优质的驮娘柚？新农财采访了祝永旺以及多位富有经验的种植者、柚子产业专家等，大家给出的结论大致相同：品质好的蜜柚，甘甜微酸，可口无渣，水分要足；外观上，表皮光滑有光泽，掂起来分量感足，皮薄，大小适中，重量一般为2.5～3斤[1]。根据这些描述，好柚子的基本外观标准是皮薄，内在品质核心则取决于其甜度。

结合简短易记的传播规律，新农财提炼了优质驮娘柚的品质特点：皮至薄，心如蜜。这句品质描述的口号也与"驮娘柚"的品牌内涵具有一定的贴近性。在产品上市的品控过程中，新农财完全按照这个标准对产品进行质量把关。

---

① 斤为非法定计量单位，1斤 = 500克。——编者注

"驮娘柚"品牌包装

"驮娘柚"上架鲜特汇平台

《南方农村报》2017年10月14日07版报道

为进一步做好"驮娘柚"产品的生产工作，新农财充分吸收柚子产业专家以及祝永旺等梅州柚种植匠的经验技术，制订了驮娘柚（蜜柚）生产管理办法及标准化生产操作规范手册，以此指导和规范驮娘柚的种植过程，保障产品品质。

"驮娘柚"品牌包装

新农财对符合"驮娘柚"标准的产品专门设计包装，分别设计精品装和礼品装两款纸箱包装。包装画面风格朴素，以简笔勾勒出柚子形状并匹配文字"驮娘柚"，下方小字表明其品质特点：皮至薄，心如蜜。包装正面突出"驮娘柚"的品牌主张：最好的心意，给最亲的人！包装的一个侧面体现"种植匠"的品牌logo及"执匠心，守农道"的品牌主张，另一个侧面则呈现"驮娘柚"品牌logo，整体力图表明产品属于匠心出品，品质有保障。包装规格有2枚装和4枚装，以2枚装为主。

"驮娘柚"品牌产品销售

"驮娘柚"的产品销售以电商渠道为主。在渠道合作方面，新农财与鲜特汇、经选商城、太阳集市、银联等一些知名的电商渠道建立了合作，同时还重点拓展了企业礼品集采、社区团购等销售渠道。

"驮娘柚"根据产品搭配分为红肉蜜柚、白肉蜜柚以及一红一白搭配，每箱（2枚装）定价29～39元。这个价格比普通梅州蜜柚高出50%～100%；在地头采购方面，新农财为符合"驮娘柚"品质标准的产品支付比市场平均价格高20%以上的采购价。对于一款定位为中秋送亲友的优质蜜柚产品，它无疑是体面且价格合理的，新农财力图在农民尊严和消费自由之间尽量做到平衡。

"驮娘柚"的口碑得到了市场验证，在部分电商平台，"驮娘柚"成了爆品，比如鲜特汇平台，"驮娘柚"（一红一白2枚装规格）一上线，便受到热心用户的抢购，一度卖断货，其火爆程度甚至引发了媒体的关注和报道。

除了电商渠道，新农财线下的企业集采和社区团购渠道也对"驮娘柚"很感兴趣。在临近中秋的销售高峰期，前来基地拿货的货车络绎不绝。近年来，"驮娘柚"线下的年出货量都超过15万千克。

"驮娘柚"产品分拣、包装现场（务工者均为当地农户和贫困户）

包装好的"驮娘柚"产品等待出货

品牌意义

"驮娘柚"作为新农财培育的一款农产品品牌，无疑是成功的。通过包括品牌故事、品牌形象、品牌主张、品牌传播以及品牌产品销售等全过程的运营，在省市权威媒体、省市县镇各级地方政府、社会名人等各方资源的支持和推动下，"驮娘柚"品牌一步一步成长，成为最有市场知名度的梅州柚品牌。"驮娘柚"品牌的网络检索量在梅州柚相关品牌中排名第一，各大媒体对"驮娘柚"的新闻报道篇数累计超过100篇次，转载量最高峰时超过10万次。

"驮娘柚"品牌的影响力不仅体现在媒体和网络流量上，更为重要的是得到了消费市场的验证。"驮娘柚"的品牌效应逐步显现，不仅成为梅州柚中市场售价几乎最高的品牌农产品（比市场平均价格高出50%～100%），还在产业扶贫、带动农户增收方面发挥了积极作用。随着乡村振兴战略的实施，"驮娘柚"必将在新时代的梅州柚产业振兴中发挥更加重要的作用。

（三）"山瑶脆柑"：深情厚义，方得柑脆！

"山瑶脆柑"源于云南瑶胞在广东种柑脱贫的故事。"山瑶"即过山瑶，指的是我国少数民族瑶族的过山瑶支系；"脆柑"，从字面上理解就是一种脆的柑橘，这是一种刻意的提炼，因为脆的口感在一般情况下很难与柑橘类水果发生联系。"山瑶脆柑"这个名字，基本概括了产品的特点和来历，也符合这个品牌的故事主题。实际上，"山瑶脆柑"是广东的一种特产皇帝柑，又称贡柑，是橙与橘的杂交种，果肉脆爽化渣，清甜香蜜，兼具橙与橘的优点。新农财策划这个品牌，除了在品牌故事、品牌内涵、产品特点等方面进行发掘和提炼，还特别在产品的销售方式上做了一些创新，力图打造出具有差异化的个性品牌。

"山瑶脆柑"面世不久便迅速走红，特别是在意外地获得"杂交水稻之父"袁隆平院士称赞后，一度得到众多媒体持续密集的报道。至今，"山瑶脆柑"有关网络检索量高达100万条以上，堪称一个名副其实的"网红"品牌。

品牌故事

2015年11月13日，在第四届惠州现代农业博览会现场，"杂交水稻之父"袁隆平院士在时任广东省农业厅副厅长程萍等领导的陪同下参观展会，见到身穿瑶族服装的瑶胞在展位前推介"山瑶脆柑"，便停下脚步好奇地问："什么是山瑶脆柑？"对广东农业非常熟悉的程萍副厅长仔细看了几眼"山瑶脆柑"后，告诉袁隆平院士，这是广东的特产皇帝柑。瑶胞们顺势递上切好的"山瑶脆柑",并热情地邀请袁隆平院士和领导嘉宾们品尝。袁隆平院士品尝之后对"山瑶脆柑"赞不绝口:"好吃,好甜。"

这一幕很快被网友转发分享以及被《南方农村报》、农财网等媒体报道转载,随后《南方日报》《南方都市报》《惠州日报》《东江时报》及南方网等众多媒体纷纷跟进报道,一时间,"山瑶脆柑"迅速"霸屏"走红。谁都没有想到,"山瑶脆柑"的第二波传播来得如此之快,且势头完全盖过了第一波。

第一波传播是指惠州农博会开幕的10天前,"山瑶脆柑"因"瑶民种柑脱贫"的故事成为《南方日报》《南方农村报》《惠州日报》等媒体关注的焦点。"瑶民种柑脱贫"讲述的是一群来自云南的瑶族工人受雇于广东惠州贡柑种植大户叶少东,通过种植贡柑脱贫致富的故事。

贡柑的主产区原本在广东的四会、德庆一带,由于清甜低酸的品质特点,市场接受度颇高,近年陆续扩展到广东惠州、韶关、清远以及广西部分地区。2009年,叶少东在惠州市惠东县白盆珠水库附近的山地开辟出一片贡柑种植园。早期开荒种果的工人中,有一批来自云南省文山州富宁县的瑶族人,他们在几年前叶少东做桉树生意时就彼此熟识。

瑶胞们来自大山,虽然文化程度较低,但朴实、勤快、吃苦耐劳。在他们的帮助下,叶少东的果园从无到有,从小到大,成为惠东县规模最大的柑橘基地。同时,瑶胞们也通过给叶少东打工,逐步掌握了种植技术,并通过以家庭为单位实行分片承包管理的模式,获得了比他们之前打山工要高得多的收入。瑶胞们通过种柑赚了钱,实现了脱贫,回到家乡盖上了新房。有些瑶胞返乡后还在家乡种起了贡柑。

这个故事,是新农财团队在2015年10月底,到惠东县拜访广东贡柑种植大户叶少东时所了解到的。当时距离广东的贡柑上市还有一个月左右,新农财打算推出一个贡柑品牌在市场上亮相。在讨论产品的卖点时,有同事提出"脆柑"的创意,因为在贡柑的品质特点描述中,有"肉脆化渣"之说。原来,贡柑在果实表皮尚未转色变黄之前,也就是离大规模上市大约还有半个月的时候，如果管理得当，即已适合鲜食，有部分抢早的农户会采摘果品拿到市场上售卖，此时的柑果味道清甜，果肉紧致，用脆字来形容，确实比较贴切。如果要推"脆柑"品牌，在销售时就应该主推果皮尚未完全变黄这个时期的产品。

当时新农财团队有一个顾虑，就是此前从未有人用脆来形容柑橘类水果，尽管"脆柑"有些新意，但在品牌内涵以及品牌故事演绎方面未免显得单薄。不过，新农财还是决定按照这个思路推进。

从2015年10月开始，新农财团队陆续走访德庆等传统贡柑产区，寻找优质贡柑基地，希望能在产品品质方面找到"脆"的支撑。考察一圈后，结果并不理想，大多数农户不赞同贡柑在转色变黄前上市，另外，基于传统的种植理念、技术以及气候等因素，贡柑在品质上也达不到提早上市的要求。于是，新农财团队把目光转向了近年发展的新区，在惠东县，实地走访发现叶少东的种植规模最大，果园管理也比较好，而且他愿意配合"脆柑"的产品打造计划。

当时，已在水果领域创业的前媒体人马小六对新农财打造"脆柑"的想法很感兴趣。他也参与进来，随同新农财团队一起再次到叶少东的果园考察。在了解完叶少东的创业经历以及他和瑶胞的故事后，具有新闻敏感的马小六提议在"脆柑"产品中加入"山瑶"这个元素，合起来就叫"山瑶脆柑"。这个名字有故事、有卖点，又有扶贫的意义，大家一拍即合。

新农财把这个产业扶贫的选题报送给了《南方日报》等媒体，得到媒体的重点关注。很快，新农财团队便陪同《南方日报》《南方农村报》《南方都市报》的记者再度造访了叶少东的果园，对瑶胞们和叶少东进行了深度采访，将他们互助种柑的故事从新闻事实的角度进行采写。《南方日报》以《种柑大户的"助瑶"情结》，《南方农村报》以《种柑脱贫盖楼，近百瑶民称他"大哥"》为题在同一天刊发了报道，在报道中首次出现了"山瑶脆柑"这个名词。至此，"山瑶脆柑"正式"出道"！

令新农财团队没有想到的是，"山瑶脆柑"爆红的速度堪称

"开挂"。在2015年11月3日被《南方日报》等媒体报道后不久，《惠州日报》《东江时报》等惠州本地媒体迅速跟进报道，不少网站包括广东省农业农村厅官网也对相关报道进行了转载；11月13日，距离媒体首次报道后的第10天，袁隆平院士品尝并点赞更是将"山瑶脆柑"的热度推向了高潮。

"山瑶脆柑"品牌策划的"梦幻开局"给了新农财团队极大的信心。新农财后续推出了一系列品牌策划："山瑶脆柑"进入百度百科词条等网络百科全书名录，瑶胞携带"山瑶脆柑"参加连南瑶族盘王节，成立"山瑶脆柑"产销联盟响应"化肥农药零增长"行动，启动小瑶胞卖柑游学活动，瑶胞在"山瑶脆柑"基地过盘王节，"山瑶脆柑"众筹预售，记者探访"山瑶脆柑"云南瑶乡落地之旅……随着这些品牌策划方案的成功实施，"山瑶脆柑"已不仅仅是一个农产品品牌，更是成为一种由民间力量自发推动东西部合作扶贫的新模式，品牌内涵得到升华，品牌故事也有了完美的结局。

在实际应用中，新农财打造的"山瑶脆柑"产品外表青绿，内在脆爽，甜而不腻，上市时期比传统贡柑早15～20天，这个特性决定了生产者必须具备较高的管理水平，否则品质上难以达到上市要求。这也是"山瑶脆柑"与传统贡柑相比最大的差异和创新之处，它给消费者带来了一种不一样的体验：青绿的外观让"山瑶脆柑"有着青柠和青橘的颜值，让人觉得它吃起来可能会很酸涩，特别是在剥开"山瑶脆柑"果皮时，所散发出来的那种类似青柠檬般酸涩清新的气味，似乎嘴里都要开始流酸水了；但没想到，果肉一入嘴，那种脆爽清甜、满口爆汁的口感霎时充满整个口腔。

薄薄的青绿色果皮，裹着金黄明艳的果肉，酸柠檬的外表下却藏着一颗冰糖心。当脆爽可口的果肉与挑剔的牙齿碰撞在一起时，会擦出什么样的火花？汁水饱满的果肉塞满整个嘴巴的感觉，像不像在喝果汁？这种充满反差的场景很有趣，有消费者给予一句很有意思的评价：这真是一枚"外观征服吃货、口感留住人心"的果子。

"山瑶脆柑"的品牌主张：深情厚义，方得柑脆。

在"山瑶脆柑"的故事中，虽然本质上叶少东和瑶民是一种雇用关系，但瑶胞们对叶少东带着他们种植贡柑，并以此实现脱贫致富是心存感激的，除了工作关系，双方之间还有一种情分存在。善于经营的叶少东有着比较先进的种植管理理念，舍得投入，而瑶胞们踏实肯干，把种植管理落到实处，因此种出了高品质的贡柑，得到了市场的回报。基于这样的事实基础，新农财对"山瑶脆柑"从产品的特点和情感两方面进行提炼：深情厚义，方得柑脆。一个品牌只有赋予情感，才能打动人心。瑶胞们用心、用情、用功种出来的柑，才能缔造柑脆之美味。

"山瑶脆柑"品牌logo以贡柑为原型，刻画了一个青绿色的贡柑形象，意图说明它与传统的黄色成熟贡柑不同，也对应着"山瑶脆柑"青绿色的产品。在青绿色的贡柑中直观地呈现"山瑶脆柑"品牌名称，贡柑图形的下方是"山瑶脆柑"的主张：深情厚义，方得柑脆！整个品牌形象简洁直观，既体现了产品的特色，又准确传递了"山瑶脆柑"的品牌内涵：汉瑶同胞携手互助脱贫致富，共同塑造了"深情厚义"的"山瑶脆柑"。

品牌的传播，借势社会热点是一条捷径。但在"蹭"热点时，一定不能偏离品牌自身的定位，并且要梳理出明确的传播主题，提炼其传播价值，通过公信力的媒体报道，以达到最佳传播效果。"山瑶脆柑"品牌的传播，不仅连接上了袁隆平院士这样的超级热点，也紧密地结合了"民族团结""东西部扶贫""化肥农药零增长"等时代热点，努力做到推广成效事半功倍。

首次亮相即成热点，媒体主动助力品牌传播

2015年11月13日，第四届惠州现代农业博览会开幕，瑶胞们身穿瑶族服装，带着"新鲜出炉"的"山瑶脆柑"参加展会。展会现场，布置一新的"山瑶脆柑"展位格外醒目，具有浓郁的民族风情，受到现场不少观众的关注和咨询，人气很旺，为接下来发生的事情埋下了伏笔。"杂交水稻之父"袁隆平院士和时任广东省农业厅副厅长程萍等领导嘉宾也到"山瑶脆柑"展位前品尝了水果，袁隆平院士品尝后，连夸"好吃，好甜"。新农财第一时间将这条重要素材提供给媒体报道出来，很快，各级媒体纷纷跟进报道，通过报纸、网站、微信等多途径传播。袁隆平院士带来的这一波"流量"实在太大，"山瑶脆柑"不想成"网红"都不行。

《南方都市报》2015年11月17日HB03版报道

网络百科全书收录，"山瑶脆柑"品牌热度猛增

"山瑶脆柑"得到众多媒体的大量报道，在网络上也被广泛转载，为巩固和提升"山瑶脆柑"的网络影响力，新农财根据媒体报道的内容进行提炼，精心编辑了"山瑶脆柑"词条信息，主动录入百度百科、搜狗百科，成为网络百科全书中的专有词汇。

"山瑶脆柑"被百度百科、搜狗百科等收录后，其网络检索量不断上升，加之新农财后续一系列的品牌策划通过媒体报道和网络发布，使得"山瑶脆柑"的网络检索量猛增，仅百度平台的检索量就达到120万条以上。"山瑶脆柑"妥妥地成了一个网络热词。

"山瑶脆柑"亮相连南瑶族盘王节

盘王是瑶族的始祖，是守护民族的神灵。瑶族盘王节是瑶族人民纪念其始祖盘王的盛大节日，也是瑶族最重要的节日，迄今已有1700多年的历史。2015年11月26日，第七届"盘王节耍歌堂"在广东"百里瑶山"的连南瑶族自治县开幕，整个连南上演

了颇具瑶族风情的狂欢节。像"盘王节"这样的瑶族盛大节日，一定是媒体关注的热点，"山瑶脆柑"肯定不能缺席。新农财组织了"山瑶脆柑"基地的瑶族工人，带上他们精心种植的"山瑶脆柑"前往连南庆贺"盘王节"。

在"盘王节"活动现场，"山瑶脆柑"大受欢迎，连南瑶胞对"山瑶脆柑"又甜又脆的品质大加赞赏。不少瑶胞还表示，"山瑶脆柑"就是瑶族人自己的品牌，希望以后每年的"盘王节"，都能吃到"山瑶脆柑"。

此次推广活动得到《南方农村报》、南方网、农财网的关注和报道，其他网络媒体也大量转载传播。

瑶族同胞品尝"山瑶脆柑"

南方网转载"山瑶脆柑"助力盘王节活动

成立"山瑶脆柑"产销联盟，响应"化肥农药零增长"行动

"山瑶脆柑"出名后，吸引了大量市民直接到叶少东的果园购买"山瑶脆柑"。旅行社自行组织旅客前来品果买果，摄影爱好者也慕名而来拍摄采收场景。在产品上市高峰期，每天有几十台车载着客户来果园，他们在果园买果，在附近饭店消费，带动了周边产业的发展。很快，当年的果子便销售一空。

"山瑶脆柑"产品卖完了，但热度不能降，新农财着手推进新一波推广计划。

2016年1月29日，由全国农业技术推广服务中心作为指导单位，《南方农村报》、农财网、芭田股份联合主办的"中国种植匠"大型公益活动启动仪式在"山瑶脆柑"基地举行。广东省、惠州市及惠东县农业部门有关负责人、媒体代表、电商公司代表、周边种植大户等数十人出席了活动。"山瑶脆柑"基地负责人叶少东获主办方授予"中国种植匠"荣誉称号。同时，新农财还以"山瑶脆柑"基地为核心，联合渠道商代表和周边种植贡柑的农户，共同成立"山瑶脆柑产销联盟"，目的是发挥"山瑶脆柑"的品牌效应，带动当地贡柑产业发展壮大，提高农民收益。

山瑶脆柑产销联盟成立仪式

2016年4月9日，山瑶脆柑产销联盟在惠东举办首场"种植匠互助会"，邀请广东著名的柑橘专家马培洽研究员，在"山瑶脆柑"基地就贡柑种植管理问题对联盟成员进行技术指导和培训，以提高贡柑种植水平。

在活动中，产销联盟向社会承诺：响应国家化肥农药零增长号召，生产出更多安全、优质、美味的"山瑶脆柑"。

响应国家化肥农药零增长号召

策划"大学生探寻'山瑶脆柑'基地"活动

"山瑶脆柑"的品牌故事吸引了很多在校大学生的关注，特别是华南农业大学园艺学院等涉农专业的大学生，他们希望能够到"山瑶脆柑"基地进行参观和体验。新农财非常支持大学生们的想法，结合"山瑶脆柑"的品牌传播，在与他们沟通后，决定策划一个"大学生探寻'山瑶脆柑'基地"的活动。

支持大学生去探寻众筹活动

大学生们去"山瑶脆柑"基地探寻什么呢？新农财并不希望把它做成一次简单的采风活动，而是要求大学生们能够利用周末和暑假等空余时间去果园，用自己独特的视角观察和了解瑶族人和脆柑的故事，搞清楚一粒脆柑是如何从花儿长大成果实，其间将会经历怎样的过程。然后将他们的所见所闻真实地呈现给消费者，让消费者明白吃到嘴里的农产品是怎样生产出来的，同时以辩证的视角去审视传统农业，既要学习可取的地方，又要思考如何改进生产经营模式。

新农财协助大学生们通过众筹平台为此次探寻活动筹集经费，这些经费，一部分用于来往果园的交通费用，一部分用于向果园购买"山瑶脆柑"以及果农自种的蔬菜等产品，回馈给支持他们的网友。大学生还要分享他们探寻的故事，以及一路以来的所见所闻。

2016年4月30日，新农财通过网络众筹平台发起"支持大学生去探寻，一群瑶族人和一粒脆柑的故事"的众筹活动。活动一上线，就获得了众多网友的关注。网友们为大学生愿意深入农村，用空余时间到果园基地去了解和体验农业生产情况的精神点赞，并用实际行动支持他们，众筹上线仅5天时间，就超过1 000人关注，94位支持者付费，筹集经费超过设定的3 000元目标。多出来的资金，用于给当地的瑶族小朋友购买一些学习书籍、文具、电子辅助工具等，鼓励小朋友奋发学习。

大学生们的探寻活动从2016年5月持续到当年11月"山瑶脆柑"上市之时，其间他们通过网络平台发表了多篇探寻见闻，得到《南方农村报》、农财网等媒体的关注和报道。

策划瑶胞在"山瑶脆柑"基地过"盘王节"，开启品牌化销售

农历十月十六日是瑶族的盘王节，也是脆柑成熟采收之时，持续了全年的"山瑶脆柑"品牌策划成效，也到了接受市场检验的时刻。

2016年11月初，新农财决定组织全体瑶族工人，在他们辛勤劳作的"山瑶脆柑"基地，举行盘王节庆祝活动，让瑶胞们像在云南老家那样过节。

瑶胞们的热情被激发出来，他们自发组织起丰富多彩的庆祝节目，除了往年必备的工人聚餐，还增加了传统的元素：如丢五谷包、打陀螺，年长的瑶胞们还一展歌喉，对起了山歌……

新农财邀请了时任广东省扶贫部门的相关领导、惠东县领导、媒体记者、部分农产品渠道商代表亲临基地参加节日活动，并同期举行"山瑶脆柑"上市开摘仪式，正式开启新一年"山瑶脆柑"的上市销售。此次活动在南方＋App上全程直播，《南方农村报》等媒体对此也进行了专题报道。

另外，此时正逢袁隆平院士点赞"山瑶脆柑"一周年，新农财团队了解到，袁老曾通过有关方面转达想来"山瑶脆柑"基地走走的心愿。因此，新农财建议"山瑶脆柑"基地负责人叶少东和基地的小瑶胞分别向袁老写信汇报这一年来取得的成绩，并诚挚邀请袁老到"山瑶脆柑"基地参观和指导。叶少东在信中汇报了"山瑶脆柑"基地更加重视水果品质，注重改良土壤，每棵果树用足15千克有机肥，是其他果园的五六倍，并且还在果园安装了物联网设备，时刻监控果园的各种物候数据，为防止产品裂果做了大量试验，并取得了明显的成效。小瑶胞在信中告诉袁老，当年暑假，华南农业大学的大学生到果园里支教，帮助他们在学习方面取得进步；在果园里有来自云南省文山州富宁县的三四十位瑶族老乡，"山瑶脆柑"就是这些老乡和爸爸妈妈一起辛辛苦苦种出来的……

这些信件，新农财通过南方农村报社的记者转交给了袁老。

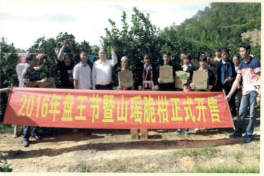

2016年盘王节暨"山瑶脆柑"开摘上市仪式

策划小瑶胞卖柑游学活动，同时发起众筹预售

小瑶胞卖柑游学活动

小瑶胞卖柑游学海报

社会爱心人士助力小瑶胞
卖柑游学海报

小瑶胞卖柑游学众筹活动

　　基地的瑶族工人都是拖家带口到惠东种柑，他们的小孩也生活在果园，并在当地上学。新农财希望在"山瑶脆柑"的推广过程中，让这些小瑶胞也能出去走走，见识外面更广阔的世界，帮助他们学习成长。

　　2017年10月，在"山瑶脆柑"产品上市前夕，新农财通过农财网微信平台，策划组织"小瑶胞卖柑游学"活动，帮助这些随父辈到惠东的小瑶胞们到广州等大城市参观游学开拓视野，并在广州农商银行太阳集市平台发起"离乡小瑶胞，卖柑看世界"为主题的众筹卖柑活动，拉动产品销售，提升品牌影响力。

　　此次活动除了通过互联网传播，还广泛邀请社会各界热心人士代言推广，并设计了以"离乡小瑶胞，卖柑看世界"为主题，含有众筹链接的代言海报模板供大家分享传播。

　　活动推出后，得到社会各界众多爱心人士的大力支持。他们当中不少人表示愿意充当小瑶胞到广州游学参观的向导，纷纷将各自的代言海报转发分享，一度刷爆朋友圈。

　　同步开启的众筹活动也进展顺利，许多人表示，既能吃到美味的"山瑶脆柑"，又能帮助瑶族儿童一圆游学之梦，实在是一桩很有意义的事情。在众筹活动开启当天，一万元的众筹金额目标就已完成一半。许多之前购买过"山瑶脆柑"产品的顾客纷纷参与众筹复购。一些刚接触"山瑶脆柑"的消费者，也对这枚颜值高、有故事的果子充满了好奇与期待。有俏皮的网友还表示："长得像橘子，切开像柠檬，看得我牙齿都开始流酸水了，但为什么吃起来又脆又甜？不过，讲真的，我肯定要买一箱，整一下我那一点酸都不能吃的男朋友，想想就觉得爽！"

　　最终，此次联合广州农商银行太阳集市平台发起的小瑶胞卖柑游学众筹活动，以382%的完成率获得圆满成功。这次成功的策划让"山瑶脆柑"的品牌内涵得到更进一步深化，也让当年的产品一度供不应求。

媒体记者探访"山瑶脆柑"云南瑶乡落地之旅

2018年4月29日，云南瑶乡的富宁县板仑乡从惠东县"山瑶脆柑"基地引种了幼苗25 000株，种植面积近400亩。这次和"山瑶脆柑"一起回到故里的，还有惠东基地的技术工人张登和李安祥。此前的2015年，张登就曾尝试将脆柑树苗带回云南老家试种，以便将他学到的技术应用到新果园中，梦想在老家再造一个脆柑基地。经过几年试验观察，"山瑶脆柑"已经适应云南的气候和地理环境，具备了适度规模种植推广的基础。

"山瑶脆柑"归故里，粤滇携手促扶贫。曾经，富宁县的瑶族农户在广东惠东种下甜美脆柑，如今，他们将种植技术带回富宁返乡创业。在他们的带领下，瑶乡富宁悄然孕育着一个全新的产业。几位瑶族工人自发的举动，无意间促成了一个东西部扶贫的民间样本。东西部扶贫协作是国家脱贫攻坚战略的重大决策，西部向东部输出的劳动力，通过学习先进技术，将技术带回西部发展产业，帮助更多当地人实现就地脱贫，已逐渐成为东西部合作扶贫新模式。张登等人回乡发展正是民间力量探索这种扶贫模式的尝试。

新农财将这一极具新闻价值的选题报给了《南方日报》和《南方农村报》等媒体。他们分别派出记者共同奔赴云南富宁瑶乡，探访了张登、李安祥等返乡种柑创业的瑶胞，以及当地驻村扶贫工作队负责人、乡镇干部、富宁县扶贫部门领导等，了解瑶胞们引进"山瑶脆柑"产业在瑶乡的发展状况，以全面的视角剖析这个由民间力量自发推动的东西部合作扶贫新模式。《南方日报》以《山瑶脆柑"回家了" 一个东西部扶贫的民间样本》，《南方农村报》以《云南瑶族农户携脆柑幼苗回乡 发展扶贫产业》为题对此进行了深度报道。

《南方日报》报道

这一组报道可以视为"山瑶脆柑"品牌扶贫的深刻展现。至此，"山瑶脆柑"已不仅仅是一个农产品品牌，它成为一种具有内生成长性、备受认可的国家东西部合作扶贫的优秀样本，"山瑶脆柑"品牌也因此具有了更大的社会意义。

　　"山瑶脆柑"这枚看着像青柠檬、口感却脆爽清甜的高颜值青果贡柑，一直有着极高的市场口碑。从2015年11月开始策划"山瑶脆柑"品牌时，"山瑶脆柑"产品就已经在市场上试销。2016年，新农财在开展系列品牌活动的同时正式启动产品的市场营销计划。除众筹预售外，还积极拓展优质电商渠道以及企业集采、社区团购渠道。相对于贡柑，"山瑶脆柑"以青果售卖的差异化销售方式入市，销售价格达到当季贡柑市场平均价格的2倍以上，而且广受欢迎，充分体现了品牌的溢价。

　　另外，为进一步做好"山瑶脆柑"的精品化生产，新农财充分吸收一线专家的贡柑栽培经验以及综合"山瑶脆柑"基地一些比较好的种植操作方式，制订了种植匠标准化生产操作规范·"山瑶脆柑"生产管理办法手册，以此指导和规范"山瑶脆柑"的种植管理过程，保障产品品质。正是出于对品质的严格把控，才保证了"山瑶脆柑"的市场口碑，拉动了品牌化销售，产品一直保持着很高的复购率。

"山瑶脆柑"品牌包装

"山瑶脆柑"品牌包装

　　"山瑶脆柑"品牌包装画面风格朴素，整体色彩为绿色，契合"山瑶脆柑"产品特点。包装正面正中显示"山瑶脆柑"四个醒目大字，下方小字是提炼的品牌主张：深情厚义，方得柑脆。左上角体现"种植匠"的品牌logo及"执匠心，守农道"的品牌主张。正面下方勾勒的是广东省级自然保护区白盆珠水库的概貌和农人耕作的场景，是对"白盆珠山泉水灌溉，山瑶族[①]同胞种植"的图解。包装画面整体风格力图强调产品的绿色生态，属于匠心出品，品质有保障。包装规格有2.5千克装和4.5千克装，以2.5千克装为主。

---

　　① 山瑶族为不规范称呼，其为瑶族支系。

"山瑶脆柑"品牌产品销售

在"山瑶脆柑"产品销售方面，新农财重点以电商渠道为主，主打规格为2.5千克装，价格59～69元。在渠道合作方面，新农财与山东电视台《中国原产递》、广东卫视《经选商城》、广州农商银行太阳集市等一些知名的媒体电商和银行电商渠道建立了合作，同时还重点拓展了企业礼品集采、社区团购等销售渠道。

中国原产递"山瑶脆柑"推广视频

"山瑶脆柑"市场单价超过20元/千克，这个价格比普通贡柑市场价高出一倍以上；在采购价上，"山瑶脆柑"也比普通贡柑地头价高出近1倍。虽然产品价格要比贡柑贵一些，但对于消费者而言，"山瑶脆柑"带来的体验价值远大于此，更何况，再贵也就五六十元一箱，实现"脆柑自由"毫无压力。

"山瑶脆柑"在不少电商渠道上的销售非常火爆，出货速度极快。在2016年销售季，"山瑶脆柑"曾因包装箱用完而一度暂停销售。作为有媒体背景的电商平台，《中国原产递》为推广"山瑶脆柑"产品，派出工作人员专门从山东飞到惠东"山瑶脆柑"基地拍摄素材，制作宣传片推广，让"山瑶脆柑"在千里之外的齐鲁大地火了起来。连续两年，《中国原产递》平台在短短一周内的销量便突破6 000箱，堪称火爆。

山东电视台电商平台连续两年销售超过6 000箱

这一现象引起了山东电视台农科频道的关注，他们为此拍摄并播出专题节目。从"山瑶脆柑"火爆山东这一现象，讲述"山瑶脆柑"背后的种植匠精神，进一步助推了"山瑶脆柑"产品的销售和推广。

此外，令人意外和感动的是，发起"小瑶胞卖柑游学"众筹活动的广州农商银行太阳集市平台，拿出每卖一箱补贴30元的优惠力度支持"山瑶脆柑"产品的销售，让更多消费者以更实惠的价格吃上美味的"山瑶脆柑"，体会汉瑶守望互助的"深情厚义"。经过线上线下的联合推广，"山瑶脆柑"在第一年正式品牌化销售便实现近百万元的销售额，品牌效应逐步显现。

广州农商银行太阳集市以每卖一箱补贴30元的力度支持"山瑶脆柑"产品销售

"山瑶脆柑"产品销售发货场景

品牌意义

　　从瑶民在广东种柑脱贫，到瑶民回乡种柑创业，"山瑶脆柑"的品牌故事呈现得非常完美，特别是在意外得到袁隆平院士的点赞后，"山瑶脆柑"从一开始就成功地踏上了"网红"之路。通过策划产业扶贫、卖柑助学等一系列有力的品牌推广举措，"山瑶脆柑"的品牌知名度持续攀升，有关新闻报道篇数超过100篇，网络检索量超过120万次，产品销售至全国28个省份。

　　"山瑶脆柑"精彩的品牌故事、成功的品牌推广以及差异化的品牌销售方式，直接提升了它的品牌效应，使"山瑶脆柑"毫无悬念地成为市场售价最高的贡柑品牌。一般贡柑在上市期的市场价为每千克9 ~ 10元，近年来因为市场行情低迷还在不断下滑，而"山瑶脆柑"的市场零售价每千克普遍超过20元，最高达到26元以上，比贡柑的市场平均价高出1倍以上。品牌带来的市场效应也拉高了地头采购价，直接带动了瑶胞们增收。

　　"山瑶脆柑"是汉瑶同胞携手互助脱贫的成果，它的品牌内涵既直观又深刻，而且逐步演进为一种由民间力量自发推动的东西部合作扶贫新模式，因此具有了更大的社会意义。随着乡村振兴战略的实施，"山瑶脆柑"必将在新时代的瑶乡产业振兴中发挥更加重要的作用。

（四）"夫妻树"大米、黑木耳：天然富硒，有爱有味！

"夫妻树"是基于世界长寿乡蕉岭县特色自然人文资源而打造的一个农产品品牌，主要应用在蕉岭县出产的大米、食用菌等特色农产品上。

"夫妻树"原本是指两棵同根而生的树，呈现出人类夫妻般相依相偎的形象，在古时它又称"连理枝"，比喻夫妻恩爱。"夫妻树"在我国很多地方都存在并有典故传说，其中尤以蕉岭县流传的故事寓意最为深刻。

与新农财打造的其他品牌所不同的是，"夫妻树"本身就来源于一个非常精彩并富有意义的故事，根本不需要刻意加工，只需将它与蕉岭县的地方资源禀赋和特色农产品进行"嫁接"，并提炼出准确的品牌定位，剩下的就是把品牌培育的事情做好。

2017年，与"夫妻树"品牌创立同步，新农财在蕉岭县投资设立了梅州市南方长寿生物科技有限公司（简称南方长寿生物公司），新公司致力于成为一家推广蕉岭县乃至梅州市区域内特色农产品的产供销一体化企业。在规划新公司业务的同时，新农财决定将"夫妻树"品牌作为其业务推广和企业发展的主要抓手。经过一系列的策划，"夫妻树"品牌及其农产品频频见诸中央及省市级媒体，得到各级政府领导、社会知名人士的支持和推广。时至今日，"夫妻树"品牌农产品不但进入了各大商超、企业集采、消费扶贫等中高端特色渠道，也引领着蕉岭地方特色丝苗米、食用菌等产业的发展，并在带动农民增收方面发挥了重要作用。南方长寿生物公司也成长为梅州市乡村振兴标杆企业和广东省级重点农业龙头企业。

品牌故事

位于广东省东北部的蕉岭县是国际自然医学会认定的世界第七个、全国第四个"世界长寿乡"。正所谓"一方水土养一方人"，蕉岭"青山绿水好空气"的自然环境和生态资源，尤其是水土富含硒、锗等矿质元素，被认为是当地居民的长寿奥秘之一。也有研究认为蕉岭县之所以成就福地寿乡，更与其博大而包容的客家文化底蕴以及当地人民淡泊名利、知足常乐的平常心有着密切关系。

蕉岭世界长寿乡的自然禀赋，也意味着它拥有无与伦比的品牌营销资源。2017年初，在蕉岭县有关领导的建议和邀请下，新农财决定到蕉岭县投资成立一家致力于发展长寿乡品牌农业的公司。这个新公司应该启用一个什么样的核心品牌成为当务之急，自然，品牌内涵和主张应充分体现蕉岭世界长寿乡的特色。为此，负责人毛志勇查阅了大量的蕉岭县历史文化典故等资料，以期找到一些灵感和依据。当他看到记载在"长寿文化研究丛书"《长寿福地　蕉岭探秘》中一篇《百年夫妻树的传说》时，立刻被这个富有寓意的精彩故事所吸引。"夫妻树"的故事不但蕴含"夫妻和睦，方能家室兴旺"的朴素道理，而且故事最后"子孙满堂健康长寿"的圆满结局正好吻合蕉岭这个世界长寿乡的现状。更何况，在蕉岭县长潭西岸密林深处，的确有一株长寿夫妻树存活至今，美好的传说有了现实的对应。因此，新农财决定将"夫妻树"打造为驱动南方长寿生物公司农产品业务发展的专属品牌。

新农财从蕉岭世界长寿乡以及水土天然富硒的特点出发，提炼了"天然富硒，有爱有味""世界长寿乡，美味又健康"等"夫妻树"品牌传播标语，并且围绕大学生乡村创业、扶贫产业园、消费扶贫等社会热点展开主题策划，推动"夫妻树"品牌及蕉岭特色大米、食用菌等登上了人民网、中央电视台、《南方日报》、梅州电视台等中央及省市级主流媒体，有力地提升了"夫妻树"品牌的知名度。

除了做好品牌传播，新农财还一头扎进产业链当中。南方长寿生物公司采取"公司＋合作社＋农户"的发展模式，依托世界长寿乡蕉岭县水土天然富硒的产业优势，建设了"夫妻树"富硒水稻种植基地和加工厂，以及"夫妻树"食用菌实验室、加工厂和种植示范基地，购置了冷链、加工、包装等相关设备，逐步构建起集种植、加工、储存、销售为一体的产业链，以统一种植、统一管理、统一收购、统一深加工的规范化生产运作模式，将生产出来的优质丝苗米、黑木耳、茶树菇等特色产品不断推向市场，真正形成了产供销一体化的业务体系，实现了农产品的品牌化销售。

在主流媒体、地方政府、网络大V等强大营销资源的推动下，"夫妻树"品牌农产品不但卖出了"声量"，也卖出了销量。

百年夫妻树的传说

长潭地处石窟河流经蕉岭的上游。那里河水清澈，两岸树木参天，风光秀丽，空气清新，有不少动人的传说。

在长潭西岸林深处，人们可以看到有一棵奇异的树，它是由松树和荷树（木荷）相互缠绕生长在一块的百年老树，树干粗壮、树枝繁茂，甚为壮观，当地人都称它为长寿夫妻树。

传说它有一个动人的故事。

相传，在长潭河畔，住着一对年轻的夫妻。丈夫叫阿山，妻子叫阿玉。家里倚山靠水，种了几亩田，养鸭打鱼，生活虽然没有大富大贵，倒也安康自足。

可是，阿山偏偏迷上了歪门邪道，追求起长生不老那种虚玄的东西来。他拜了个叫王大仙的人为师，天天都往人家那里跑，参禅学道。其实，阿玉早就听说了，王大仙自小就不学好，年纪轻轻就迷上了赌博，把家里的财产赌光，气死父母后，无法生活就跑到外地谋生，几年前回来，摇身一变竟然变成了得道的道士，招摇撞骗，上当的人还真不少。阿山沉迷其中后，家里只要有点钱，他都拿去奉献给王大仙，购置炼丹药的东西。阿玉苦苦劝说，阿山不听，说只要自己练成长生不老，就带阿玉去享福。

一天晚上，屋外下着大雨。阿山因为无钱供奉王大仙，没有被赐予新出炉的丹药，十分泄气，跟劝解的阿玉吵了起来。半夜三更时分，门外有人敲门求宿。阿玉是善良的人，忙开门迎客，进来的是一对白发的老年夫妻，见他们被雨水淋得浑身湿漉漉的，就找出干衣服让他们穿上，还把仅有的糙米煲粥给他们吃下暖身子。阿山不顾雨大，还要去采芹菜做香料，老年夫妻交换了眼神，老公公说："阿山，看你挺聪明的人，怎么会迷信上那种东西？"老婆婆也说："后生仔，世界上哪有什么神仙药。你的妻子那么贤惠，好好踏实过日子吧。"阿山不敢吱声，和妻子在偏房里睡了一夜。

次日，那对老年夫妻已经走了，留了一两银子放在桌子上。阿山抢在手中，去找王大仙。阿玉抓住他苦苦哀求："家里什么都没有了，留下点我去买点粮食好不好？"阿山狠命地推开她："我很快就要成为神仙了，那时你就跟我上天去，还用什么粮食！"拔腿就不见了人影。

阿玉无比灰心，哭了半夜，想起自己没过上一天好日子，丈夫只晓得信邪不拔，今后哪里还有什么希望，就找了根绳子，挂在屋梁上，自尽去了。

却说，阿山在王大仙那里，交上了银子，王大仙说他尘根将尽，很快就能得神道了，让他在静室打坐。这时，老公公突然出现，领着阿山，穿过后门，走到王大仙的后院外面。阿山看到，王大仙正坐在一张摆满美味佳肴的桌子前，对桌子旁边的人说："阿山那个傻瓜又进贡了一两银子，这些都是他的钱弄来的，我们好好享受口福吧。"阿山气极了，原来这王大仙是骗财骗色的骗子啊。老公公说："你还相信他。你的妻子由于伤心，已经自尽了。你快回去救人吧。"

阿山慌忙跑回家，看到阿玉躺在床上，老婆婆正在给她喂水。老婆婆训斥他道："你这人太不像话了，贪图长寿，不顾妻子死活。告诉你，只有夫妻同心，勤劳致富，好好过日子，才能过上长久安稳的日子。像你走邪门歪道，不光不能长寿，还会折寿。"说完，又放下二两银子离开。

阿山惭愧地追问她要去哪里？老婆婆指着山上说："我是你们的邻居，我家与你家祖祖辈辈都是世交才不忍心看你走上邪路。以后好好过日子，我们还会再见的。"说完，一阵清风后，人就不见了。阿山忙祝拜说："原来是神仙指点我。我今后一定跟老婆过踏实日子。"

从此，阿山不再迷信长生之术，与妻子一起辛勤劳作，过上了安康的日子。有一次阿山与妻子上山砍柴，在林深处看到了一株长寿夫妻树，大悟道：老公公就是松树，老婆婆就是荷树啊。不禁十分感激地跪拜下去，从此更加勤劳扎实了。后来阿山子孙满堂，一直活到一百多岁。

品牌主张

蕉岭"夫妻树"的故事有着夫妻和睦、健康长寿的寓意。水土富硒是蕉岭成为世界长寿乡有科学依据的关键"密码"，不少蕉岭出产的农产品都以富硒食品的身份进行推广销售。基于此，新农财提炼出"夫妻树"的品牌主张：天然富硒，有爱有味！这个主张准确地概括了"夫妻树"品牌农产品的卖点。

"天然富硒"意指农产品产自蕉岭天然富硒的水土环境，也有产品是原生态种植的意思，并非市场上常见的经人工添加硒产品所制造出来的"富硒"食品。"有爱有味"含双关之意，既指"夫妻树"品牌故事所蕴含的家庭和睦、相亲相爱，也意指健康优质农产品的美味以及美味里饱含的爱心。所以，"天然富硒，有爱有味"把品牌培育所需的产品功能和消费者选择产品的理由这两大支撑点融合到一起，意寓"夫妻树"品牌农产品来自世界长寿乡，美味又健康！

品牌形象

"夫妻树"品牌logo主要由蕉岭县长潭西岸森林的夫妻树主干原型、"夫妻树"美术字体及英文"couple tree"、品牌标语"天然富硒，有爱有味"等几个关键元素构成，整个视觉形象简洁直观，辨识度强。

品牌传播

在世界长寿乡这块金字招牌的加持下,新农财紧紧围绕"大学生创业"这条主线,结合产业扶贫、乡村振兴等当下热点展开策划,使"夫妻树"品牌培育工作得到主流媒体、知名网红、地方政府官员等大量社会公共资源的助力推动,品牌不断被"热炒",成为业务发展的重要驱动力量。

"夫妻树"品牌频频登上中央及省市级主流媒体

梅州电视台2017年12月6日《做好"一粒米"文章 打响富硒长寿品牌》专题节目

"90后"大学毕业生梅州当农民 建千亩水稻基地

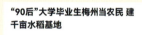

位于广东梅州蕉岭县的"夫妻树"富硒水稻种植示范基地 通讯员供图

中新网梅州12月8日电 题:"90后"大学毕业生梅州当农民 建千亩水稻基地

中国新闻网报道"90后"大学生创业事迹

"夫妻树"品牌最开始应用的农产品是蕉岭富硒大米。2017年4月,"大学生创业做农夫,打造富硒品牌助农增收"的策划开始实施,通过采取"公司+合作社+农户"的合作模式,南方长寿生物公司在蕉岭县三圳镇建设了1000亩"夫妻树"富硒水稻种植示范基地,同时在"种植匠"微信公众号上开设《夫妻树富硒大米种植日志》,以日记的方式记录"夫妻树"富硒水稻从种植到收获的全过程,并通过网络持续推广,引起社会的关注和热议。农财网、《南方农村报》官方网站也对此进行了关注和报道。另外,公司还设计了以客家围屋为造型的特色包装,在7月大米加工出来后立刻开展电商和定制化销售。

《梅州日报》很快关注到这一典型事迹,并以《一群大学生蕉岭当"农夫"卖大米》为题对蕉岭团队的创业故事进行报道,广东省农业农村厅官方网站也作了转载。"夫妻树"品牌开始在梅州市和农业圈有了知名度。梅州电视台也多次到蕉岭"夫妻树"种植基地进行拍摄采访,并以《蕉岭"夫妻树"富硒大米 做好"一粒米"文章 打响富硒长寿品牌》为主题制作了一期专题节目。凭着实干的精神,年轻的蕉岭团队也成为大学生创业的典型,《人民日报》《南方日报》《南方农村报》《经济日报》《信息时报》《香港文汇报》,以及南方+、中国新闻网等中央及省市级媒体纷纷跟进报道,"夫妻树"品牌知名度不断提升,极大地带动了"夫妻树"富硒大米的销量。值得一提的是,2017年,"夫妻树"富硒大米成功入选由广东省农业厅评选的《广东省第二届名特优新农产品目录》，成为蕉岭县"一粒米、一瓶水、一杯茶、一棵笋、一瓶蜜""五个一"工程中的标杆品牌。蕉岭县领导对"夫妻树"品牌打造模式非常认可，认为从标准化种植开始做起，将蕉岭长寿品牌优势与健康的种植理念相结合，能够形成独特的品牌农业发展模式。

"夫妻树"品牌根植于世界长寿乡，为帮助支持健康长寿事业的发展，新农财与蕉岭县长寿文化研究会共同发起"关爱长寿老人"的公益活动，并承诺每销售1斤"夫妻树"富硒大米，南方长寿生物公司就捐出0.1元，用于不定期给长寿老人举办公益活动。

除了大米，南方长寿生物公司还在蕉岭县发展以黑木耳为主的食用菌产业，并把它作为公司最重要的业务。2018年，公司重金投资的"夫妻树"富硒黑木耳生产线和加工厂落成并成功产出了第一批新鲜黑木耳。相对于传统的大米产业，由南方长寿生物公司首家引进的工厂化食用菌产业，引起了更多的关注和期待。

《人民日报》报道"夫妻树"黑木耳联农带农事迹

大学生扎根乡村创业，发展特色产业带动农民增收致富接连讲出了新故事。这样实实在在的典型事迹怎么会被媒体忽略呢？从2018年以来，人民网、中央电视台国际中文频道、南方报业传媒集团旗下南方网和南方＋、《南方农村报》，以及梅州广播电视台、《梅州日报》等众多中央及省市级媒体，对南方长寿生物公司发展食用菌产业联农带农的相关报道数不胜数，年年都是媒体关注的焦点。可以说，"夫妻树"品牌不仅是新农财策划出来的，更是创业团队扎扎实实干出来的，并由此得到了各方资源持续不断的支持和帮助。

中央电视台中文国际频道《百村脱贫记》报道南方长寿生物公司负责人彭辉引进黑木耳项目带动农民脱贫的事迹

"夫妻树"黑木耳扶贫产业园联农带农出效益，举办"夫妻树"黑木耳采摘节拓品牌

2018年，南方长寿生物公司经过慎重决策，决定投资拓展以黑木耳为主的特色食用菌产业，并把加工厂和种植示范基地设在蕉岭县广福镇广育村，同时和广福镇政府、广育村签订合作协议，建立"夫妻树"食用菌扶贫产业园，以"党组织＋公

司＋基地（合作社）＋农户"的模式运作，公司负责提供菌包、技术和销售支持，合作社（蕉岭县夫妻树食用菌专业合作社）负责生产管理，发展当地农户种植黑木耳等各类食用菌。

此前，广育村传统农作物种植为一年两季，一季烟叶、一季晚稻，粗放式耕种浪费了得天独厚的自然资源。"夫妻树"黑木耳在晚稻之后种植，生长期为当年11月至次年3月，这期间晚稻已经收割，稻田处于空置状态，当地劳动力也有不少在家闲着，种植黑木耳成了农户增收致富的新路子。

经过近几年的努力摸索，"夫妻树"黑木耳种植技术越来越成熟，品质越来越好，产量越来越高，联农带农效益非常显著。据统计，在黑木耳产业的带动下，广育村100多户农户参与种植和管理黑木耳150亩，实现家家有菌棒，户户能增收，同时还辐射带动了周边累计近300户农户搭上了黑木耳种植的"致富专列"，每亩增收4 000 ~ 8 000元，每年增加当地近500人次临时就业，不少村民成了"工薪族"，实实在在地解决了农村剩余劳动力的就业问题，直接改善了当地农民的生活水平。在"夫妻树"黑木耳扶贫产业园的带动下，如今黑木耳已成为蕉岭长寿乡最具特色的农业产业之一。

2020年元旦，"夫妻树"黑木耳长势良好，品质极佳，南方长寿生物公司利用广福镇举办特色美食节的时机，举办"夫妻树黑木耳采摘节"，邀请媒体、政府部门以及城市消费者和周边村民，参观黑木耳种植基地，体验采摘鲜木耳，品尝木耳美食。活动现场非常热闹，很多人甚至从广州、深圳等珠三角城市驱车过来体验采摘，品鉴世界长寿乡原生态富硒山泉水种出来的新鲜黑木耳。利用这个时机，南方长寿生物公司也向媒体介绍了"夫妻树"黑木耳扶贫产业联农带农的举措和成效，南方＋、南方网、《信息时报》等媒体对此进行了报道。

南方网报道"夫妻树黑木耳采摘节"活动

知名网红力推，"夫妻树"黑木耳成为"网红美食"

在网红直播带货浪潮的席卷下，《南方农村报》等"三农"媒体整合一些具有强大流量资源的网红开展直播助农卖货活动，"夫妻树"品牌农产品受邀参加并得到知名网红的强力推荐，为

"夫妻树"品牌增加了不少"粉丝",带来了不少销量。

2019年4月30日,由南方报业传媒集团旗下的广东乡村振兴服务中心联合直播平台快手第一网红发起的"散打哥助农"活动在快手平台正式启动,知名网红PK,为广东等地农产品代言。据悉,当晚仅1小时的直播,就有超1 000万名网友围观。在直播中,蕉岭"夫妻树"黑木耳受到热捧,1小时就销售了1 000多件精美包装的产品,成了"网红美食"。

在网络红人的影响下,不少人成了"夫妻树"黑木耳的"粉丝","夫妻树"知名度更上一层楼。

《南方农村报》2019年5月2日03版报道

省市县各级领导隆重推介"夫妻树"黑木耳

"夫妻树"黑木耳产业联农带农所取得的成效离不开各级政府部门的支持。2020年,新冠肺炎疫情对农产品销售造成极大冲击,为解决农产品销售难题,广东省各级政府领导纷纷走进直播间,变身"网红"向网友推介当地特色农产品。"夫妻树"黑木耳作为蕉岭世界长寿乡的特色产品,得到省、市、县、镇四级领导的重点推介。

2020年5月17日,由广东省委网信办、省农业农村厅、省扶贫办及梅州市委、市政府指导,梅州市委宣传部、市委农办、《南方日报》、《南方农村报》、南方+、抖音联合承办的"脱贫奔康·粤来粤好"广东"助力脱贫攻坚 共建美好时代"扶贫助农公益活动走进梅州。广东省委常委,梅州市委副书记、市长领衔市、县领导干部走进直播间,为世界客都·长寿梅州的优质、生态、富硒、长寿农产品代言带货,帮助农民兄弟拓销路、促增收。直播活动持续了5个半小时,重点围绕"脱贫攻坚""客家风情""寿乡好货""带货互推"等主题,为梅州特色农产品代言推介,其中"夫妻树"黑木耳频频在直播间被领导们推荐。在直播活动期间,不仅产品价格实惠,还送出了限时一元秒杀黑木耳、黑花生等诸多福利,引得网友们纷纷点赞、下单,活动气氛持续高涨。

在直播现场,时任梅州市市长张爱军向全国网友介绍了世界客都深厚的人文底蕴和风采,极力推介了梅州柚、嘉应茶、黑木

《梅州日报》2020年5月18日03版报道

时任蕉岭县县长刘彩波率队走进直播间推介蕉岭特色农产品，为蕉岭黑木耳代言

耳、肉鸽、番薯等特色农产品。对每一样特色农产品，他都如数家珍，用最接地气的语言道出了最美梅州"味道"。

在直播间谈到蕉岭特产黑木耳时，张爱军说："我为黑木耳代言。黑木耳是举世公认的保健食品。它长在世界长寿乡蕉岭，富含硒元素，这是跟一般木耳的最大区别。"

时任蕉岭县县长刘彩波作为首位走进直播间的"网红"县长，率县农业农村局、广福镇领导倾情为黑木耳代言推介，他为网友们介绍了黑木耳的种植生产过程、口感及功效等。蕉岭黑木耳生产原材料选用当地阔叶硬杂木、麸皮、面粉、豆粉等，无任何化学添加剂，经过两道搅拌工序，生产出菌包，之后经过灭菌柜100℃以上高温杀菌，放在低温密闭空间自然生长，这样生产出来的菌包安全健康，长出的黑木耳自然是放心食品。

在谈到蕉岭出产的黑木耳时，刘彩波县长强调说："我们蕉岭的黑木耳都是公司化运作，菌包从源头开始就管理得特别好，所以产出的黑木耳品质特别好。它的肉质特别厚、弹性特别好、营养特别丰富。"

此次领导代言推介活动通过开展网上直播带货，既解决了农畜产品销售问题，又有力推动了梅州市农村数字经济发展和脱贫攻坚。"夫妻树"品牌黑木耳也在这一波推广活动中，收获了"粉丝"，收获了订单。

积极参与消费扶贫，拓展企业集采特色渠道

"夫妻树"品牌拥有世界长寿乡的营销概念，有各级政府领导、主流媒体、网络红人的营销背书，也有联农带农、乡村振兴的营销题材，这些强大而有力的营销资源让品牌知名度得到迅速提升，接下来最重要的事情就是把品牌知名度转化为实实在在的市场效益。除了让"夫妻树"品牌产品走进商超、电商平台等市场化的中高端渠道，南方长寿生物公司还抓住消费扶贫的时代机遇，积极参与"万企帮万村"行动，并与对口帮扶蕉岭的各大单位密切联络，推动"夫妻树"品牌产品拓展知名企业、机关单位集采的特色渠道，提升产品的市场效益。

积极参与消费扶贫

从2019年初联合上市公司塔牌集团开展"百企帮百村，消费助扶贫"以来，"夫妻树"品牌农产品已经拓展了邮政"邮乐购"、南方报业传媒集团南方优品、奥园、广州地铁等知名企业和机关渠道。"消费扶贫"以买带帮、以购代捐，不仅让优质的品牌农产品直接进入具有品牌消费意识和消费能力的渠道，提升了市场效益，还调动了贫困人口通过劳动致富的积极性，形成了多方共赢的局面。

品牌产品

"夫妻树"品牌产品有富硒大米及黑木耳、茶树菇等食用菌产品，还有蜂蜜、茶叶等蕉岭出产的特色农产品。在大米、黑木耳两大重点产品方面，已经拥有了从种植基地到加工厂的完整生产线，还获得了食品"SC"质量认证，产品标准和品质有充分保障。由于品牌营销得当，因此品牌效益也比较可观。其中，部分"高端定制"的"夫妻树"富硒大米市场价格每千克高达70元，售价远高于普通的富硒大米，并且由于口感软糯、香气怡人的出色品质，收获了良好的市场口碑；而完全由天然山泉水浇灌种植出来的"夫妻树"黑木耳肉厚爽脆，口感与颜值俱佳，产品十分畅销。近两年，通过口碑传播慕名前来的采购商源源不断。

在品牌渠道拓展方面，"夫妻树"品牌产品已经构建了电商、商超以及企业、机关集采三大类型的渠道体系，业务发展形势向好。

"夫妻树"品牌包装

由于业务发展需要，"夫妻树"品牌产品拥有多款包装，其中最具特色的是一款以客家围屋为原型进行艺术化设计的富硒大米包装。这款包装通过仿照客家围屋的造型来体现梅州客家文化特色，非常具有辨识度。这款包装主要应用在"高端定制"产品的销售上，另外，设计了"夫妻树"大米从种植、加工以及食用等科普知识的宣传单页，附上检测报告等对产品加以佐证，让消费者吃得安心。

媒体报道"高端定制"的"夫妻树"大米

"夫妻树"品牌包装

"夫妻树"品牌农产
品上架电商平台

"夫妻树"品牌产品销售

"夫妻树"品牌农产品主要面向电商平台、商超以及知名企业、机关单位福利采购等中高端渠道，在品牌销售策略方面，"夫妻树"富硒大米采取每销售1斤大米捐出0.1元用于支持当地长寿老人有关的公益活动，在一定程度上拉动了产品的销售。另外，南方长寿生物公司抓住消费扶贫的机遇，推动"夫妻树"品牌产品入选各类消费扶贫平台的扶贫产品名录，成为各大机关单位、国有企业消费扶贫采购的重点产品。

随着"夫妻树"品牌知名度的不断提高，农产品销售额也水涨船高，每年基本做到翻番，各类渠道数量已经突破100个。2021年，尽管受到新冠肺炎疫情的影响，"夫妻树"品牌农产品的销售额仍然突破1 000万元，品牌农产品的售价也高出市场同类产品均价30%以上。

品牌意义

从世界长寿乡蕉岭县的自然资源禀赋出发而打造的"夫妻树"品牌，经过一系列结合当今时代热点的成功策划，在国家脱贫攻坚、乡村振兴战略的政策东风下，得到了各级媒体、政府官员、网络红人等社会公共资源持续高频次的宣传和推广。时至今日，有关"夫妻树"富硒大米、"夫妻树"黑木耳的相关报道和网络资讯数不胜数。"夫妻树"品牌知名度越来越高，近年来先后获得了广东省名特优新农产品、粤字号名牌产品、南方养生明星产品、长寿乡富硒品牌、最具客家传统文化手信产品等荣誉。在"夫妻树"品牌的引领下，南方长寿生物公司一步一个脚印地成长，先后成为梅州市重点农业龙头企业、广东省重点农业龙头企业和国家高新技术企业。

"夫妻树"品牌能够得到众多社会资源持续的支持，在于它始终接地气、脚踏实地深耕地方特色产业，实实在在地带动农民增收致富。扎根在世界长寿乡的"夫妻树"品牌，也推动了蕉岭县丝苗米、食用菌产业的升级发展。为扎实做好品牌农业，南方长寿生物公司不惜投入重金，建立"夫妻树"富硒水稻、食用菌种植基地和加工厂房，购置冷链、加工、包装等相关设备，打造集种植、加工、储存、销售为一体的完整产业链，真正在探索和发展品牌农业，也实现了农产品的品牌化销售。在企业运作过程中，采取"公司＋合作社＋农户"的业务发展模式，为蕉岭县实现农业产业化发展和乡村振兴提供了一个行之有效的发展样板。"夫妻树"品牌的发展实践充分说明，培育品牌离不开一个完整的产业链，品牌是产业链建设和营销的综合结果。正因为如此，让品牌占领市场绝不是靠一两次高明的策划，它需要扎扎实实地投入和实干，才有可能收获一个好的结果。

（五）"啵啵脆"荔枝：新鲜欲滴好滋味！

啵啵脆是一个来自粤语的拟声词组，意指嫩、脆、爽口；粤语中有"十八岁，啵啵脆"的说法，形容十八岁的女孩正值青春、最具风华的时期。新农财从这句俚语中得到灵感，注册了"啵啵脆"商标，意图把优质农产品与年轻人充满朝气、鲜活灵动的特质进行联结，培育一个年轻人认同并喜欢的品牌。

"啵啵脆"品牌主要应用在水果类生鲜农产品特别是岭南最具特色的荔枝产品上，意指品质表现达到最佳的农产品。品牌内核就是产品新鲜、口感好，"啵啵脆，新鲜欲滴好滋味"。在品牌培育传播方面，新农财重点聚焦广东优质荔枝主产区，与一批经营理念先进和种植水平较高的专业种植户及基地深入合作，通过开展系列品牌营销推介活动，"啵啵脆"成了辨识度极高的广东荔枝品牌之一，并拓展了一批高端销售渠道，获得了较好的市场口碑。

品牌故事

岭南佳果闻名遐迩，尤以荔枝最负盛名，它果肉晶莹剔透，口感爽滑甘甜，风味之鲜美，带给人一种极致的味觉体验。古往今来，文人墨客对岭南荔枝的赞美是其他水果无可比拟的，最著名的便是苏轼被流放岭南后所作的"日啖荔枝三百颗，不辞长作岭南人"。

荔枝虽然味美，却是一种非常娇贵的水果，在没有冷藏措施的条件下，它的保鲜时间非常短暂。白居易曾提到："若离本枝，一日而色变，二日而香变，三日而味变，四五日外，色香味尽去矣。"荔枝极不耐储藏的特性，使这种风味绝佳的岭南佳果屡次出现"丰年果贱"的局面，大部分荔枝只能集中销往省内及周边市场，往往导致北方人尝到的荔枝早已不新鲜，对书籍典故中所描绘的美味很难有深刻体验。

熟悉世界荔枝生产状况的国家荔枝产业技术体系首席科学家陈厚彬教授说，世界上有荔枝的地方不多，最好的在广东！过去荔枝产业基础设施条件差，发展水平低，导致这个产业只是有产品、有规模，但无品牌。不过，随着近年来电商营销和现代物流业的高速发展以及冷链保鲜技术的应用，荔枝的销售情况不断得到改善，越来越多的消费者能够品尝到新鲜味美的广东荔枝。不少年轻人还利用短视频、直播电商等新型传播手段推广和销售广东荔枝。在互联网广泛普及的时代，广东荔枝这一岭南佳果具有成长为强大的区域公用品牌的潜力，同样道理，在信息越来越丰富、传播渠道越来越发达的互联网时代，更需要具有高辨识度的荔枝个性品牌。品牌作为一种信息简化器，在产品信息供给极为丰富的互联网时代，其作用必将越来越大，消费者将更加依赖品牌而做出消费决策。

那么，好荔枝该如何被辨识出来？形容荔枝美味好吃的辞藻千千万万，怎样才能达到令人眼前一亮、耳目一新的感觉呢？当新农财团队想到用"啵啵脆"这个词时，乍一听颇有点脑洞大开的意味。不过细细推敲，却发现十分贴切。

首先，"脆"在形容农产品的时候，是代指品质好的褒义词，比如爽脆、酥脆、脆甜等。其次，果蔬脆，则好吃，研究人类饮食进化的人类学家发现，"脆"是食物好口感的重要指标。一般而言，能够用脆来形容的农产品，本身应具有一定硬度的特质，比如枣、甜瓜、柑、苹果、桃、李、栗子、梨、黄瓜等，正如新农财在培育"山瑶脆柑"品牌时，已成功将"脆"字应用在广东特产贡柑上并获得了成功。因此，只要策划得当，"脆"这种特质在农产品品牌培育方面能延伸出更广的应用场景，而且"啵啵脆"作为拟声词，更为生动，更有传播力。

其次，"十八岁，啵啵脆"形容人生最青春、最风华正茂的时期，"啵啵脆"的农产品，不就是品质最好的农产品吗？更巧的是，"啵啵脆"来自粤语民俗文化，荔枝也是最能代表广东特色和广府文化的农产品，"啵啵脆"＋广东荔枝这对CP（组合），可谓相得益彰。

品牌的基础在于品质，"啵啵脆"荔枝坚持高质量标准和高品质体验，在中高端渠道得到广泛认可，成功实现了优质优价。

品牌主张

"啵啵脆"很容易让人联想到新鲜、爽口的美味农产品，因此，它的品牌核心主张就是强调产品新鲜、品质最好，用一句话提炼就是：新鲜欲滴好滋味！

荔枝是广东的特色产品，其风味之鲜甜举世闻名。初夏上市的荔枝，新鲜爽口，外表鲜艳养眼，果肉爽滑甜蜜，是清凉消暑的最佳选择。好的荔枝，个头匀称，表皮艳丽，沿着美人线轻轻打开果壳，果肉晶莹剔透，脆嫩欲滴，入口之后，脆嫩的肉壁在齿间弹开，蜜汁香甜四溢，全身细胞都被激活了，瞬间让人感受到那种"十八岁，啵啵脆"的活力。因此，"啵啵脆"品牌赋予的"年轻活力，新鲜动人"寓意便有了坚实的支撑。

所以，"好荔枝，啵啵脆，新鲜欲滴好滋味！"

品牌形象

"啵啵脆"品牌logo主体以活泼动感的美术字体画构成，并鲜明亮出"新鲜欲滴好滋味"的品牌主张，意寓好吃就是新鲜，好吃就是"啵啵脆"。

《南方农村报》报道刘新强获得"啵啵脆"荔枝"中国种植匠示范户"称号

"啵啵脆"荔枝在网络迅速传播

品牌传播

品牌的价值体现在能够让消费者明确、清晰地识别并记住品牌的利益点与个性。"啵啵脆"品牌在互联网时代,通过内容营销、产品推介以及营建社群关系等,持续扩大品牌朋友圈,培育品牌的心智认知和核心势能,不断建立起品牌带给消费者的安全感、信任感!

"啵啵脆"荔枝通过媒体首次"亮相"

为了正式推出"啵啵脆"品牌,新农财首先在一系列的网络媒体上进行了高频次的内容推广;随后农业主流媒体《南方农村报》策划的"荔枝种植匠"系列报道中,30年匠心种植荔枝的"啵啵脆"基地主人刘新强正式亮相,他郑重承诺:新鲜动人的"啵啵脆"荔枝,源自种植匠人的用心打理,品质自然令人放心。

为持续提升品牌知名度,新农财向各大媒体平台推广了相关报道,并通过发起问卷调查、举行品牌产品网络发布会、进驻知名电商平台销售等形式,精心策划了一系列线上营销活动,借助媒体的势能,使"啵啵脆"荔枝迅速在网络上形成热词刷屏。

"啵啵脆"荔枝参加省级品牌推介活动

除了线上的内容营销,"啵啵脆"荔枝还积极参加一系列的品牌推介活动。

2018年6月6日,"啵啵脆"荔枝亮相广东省农业农村厅举办的第二届名特优新农产品推介活动——"天生荔质 e网选尽"2018年广东荔枝电商节,"啵啵脆"品牌参展的妃子笑品种,以个大饱满、肉脆蜜香以及适合互联网传播的品牌风格,受到众多参会领导嘉宾、采购商的好评,同时还拓展了不少优质渠道。一位领导在品尝了"啵啵脆"荔枝后,当场赋诗一首:荔枝啵啵脆,新鲜好滋味,恰如十八岁,奋斗正当时。

"啵啵脆"荔枝受到领导嘉宾、采购商的好评

举办线上产品推介会

2019年5月16日，"啵啵脆"荔枝上市前夕，新农财团队与国内知名农产品推广平台"新农堂"开展合作，举办"啵啵脆"品牌产品线上推介会，向600多位渠道商发布新季"啵啵脆"荔枝产品。

线上发布会的成功举办，拓展了"啵啵脆"荔枝的销售渠道。发布会当天，超过百位渠道伙伴与新农财运营团队进行了对接，累计订购额超过百万元。南方+等媒体对此进行了报道。

"啵啵脆"荔枝新品线上推介

好荔枝，啵啵脆！"啵啵脆"荔枝产自管理比较规范和种植水平较高的专业种植基地，为确保"啵啵脆"荔枝的品质，新农财充分吸收荔枝产业专家以及专业种植基地的种植管理经验，制订了"啵啵脆"荔枝的品质等级供应标准。正是出于对品质的严格把控，才保证了"啵啵脆"荔枝的市场口碑，推动了品牌化销售，提高了产品的复购率。

"啵啵脆"品牌包装

"啵啵脆"品牌包装

"啵啵脆"荔枝品牌包装风格简洁，正面红色背景，采用活泼的美术字体呈现"我要啵啵脆，生活好滋味"的品牌标语。侧面白色背景，"啵啵脆"品牌logo占主体。左上角体现"种植匠"的品牌logo，意图表明"啵啵脆"荔枝是匠心种植的产品，品质有保障。包装画面清爽醒目，主题表现力强。包装规格有2.5千克装和4.5千克装，以2.5千克装为主。

"啵啵脆"品牌产品销售

罗浮山妃子笑啵啵脆荔枝 净重3/5斤装 新鲜水

"啵啵脆"荔枝进驻电商平台

"啵啵脆"荔枝产品，普遍个大果甜，外皮鲜艳较易保存，果肉鲜嫩爽脆，果商、消费者吃过之后都赞不绝口，确实称得上"啵啵脆"！在每年的5～7月荔枝上市季，"啵啵脆"荔枝通过进驻岭南生活、银联云闪付、经选商城、苏宁易购等一批知名电商平台，以充满活力的品牌风格和优秀的品质，实现当季热卖，并且品牌效应非常明显，"啵啵脆"荔枝的市场价格是同类荔枝品种市场价格的2倍以上。

另外，"啵啵脆"荔枝还拓展了高端商超、企业集采及社区机关单位团购等渠道，做到当天采摘即可送达消费者手上的"超快递"速度，大大缩减销售环节和降低物流成本，消费者在吃上新鲜荔枝的同时还能获得实惠。2020年，"啵啵脆"特级高州桂味上架高端超市Ole'精品店，特级果每千克售价高达158元。国企广物汽贸举办的车尾箱工程专场活动采购"啵啵脆"

特级妃子笑,每千克价格为48元,由专用冷链运输车统一配送,
采后12小时内送到活动现场,美味又新鲜的特级妃子笑荔枝获
得不少消费者的称赞。

"啵啵脆"荔枝分拣现场

"啵啵脆"荔枝装车发货

"啵啵脆"特级高州桂味上
架高端超市Ole'精品店

国企广物汽贸采购"啵啵脆"特级妃子笑荔枝

"啵啵脆"荔枝是基于粤语民俗文化而打造的一个农产品品牌,策划思路力图将品牌与年轻人充满朝气和活力的精神进行联结,培育出一个高势能的农产品品牌。

通过品牌策划、传播以及营销过程的实践,"啵啵脆"荔枝成为一个具有高辨识度和知名度的广东荔枝品牌,并且成功入选广东省名特优新农产品名录,品牌溢价能力较强。

在品牌营销过程中,新农财注意到,在供给极大丰富、流量成本不断高企的互联网新零售时代,无论是通过渠道差异化,还是产品特色化,抑或对人的专属需求予以满足等方式来提升产品溢价,借此打造新高端产品,人、货、场三大要素绝不能割裂开来,必须让产品与用户产生强价值关系,唯有如此才能让产品快速被消费者所认可和选择,产品的高端价值才能持久地赢在市场、赢得时代。

因此,只要有合适的内容输出,辅之以活动、场景互动等社交关系的强化,对人、货、场三大要素三位一体充分考虑,交易附加价值就可以在无形中完成,这也是通过渠道提升产品溢价的正途。

"啵啵脆"荔枝的品牌培育和营销过程十分注重有价值内容的高效输出,通过刻画年轻灵动的品牌内涵和形象、构建渠道商社群、举办网络发布会等强化社交沟通的手段进行品牌营销,成功拓展了一批中高端渠道,提升了产品溢价,并与匠心种植的荔农一起分享品牌红利。

(六)"成绩好桔":成更好的自己!

"成绩好桔"是基于广东特产沙糖橘而打造的一个柑橘品牌,这个品牌力图表达的含义:"争取更好成绩,成更好的自己!"品牌策划思路源自一株生长了40多年仍然常年保持着高产优质,被当地人称为"橘王"的沙糖橘树,新农财为其取名"成绩好桔"。

在品牌培育和传播方面，新农财成功策划了"成绩好桔"橘王拍卖活动，并将拍卖所得善款用于资助乡村教育事业，鼓励广大学子"争取更好成绩，成更好的自己"。具有新闻性的事件营销不仅得到《南方日报》《南方都市报》《南方农村报》等媒体的报道，也让"成绩好桔"成功出圈爆红。

品牌故事

沙糖橘是深受消费者喜爱的广东特色水果，种植历史悠久，从化沙糖橘因皮薄易剥、清甜化渣而享誉市场，是当地的农业支柱产业之一。从化地区最年长的一棵沙糖橘树已有40多年树龄，至今生长旺盛，产量高、品质佳，被誉为"橘王"，它生长在广州市从化区江埔街道上罗村，倚山而立，树势健壮。经测量，"橘王"树主干胸围0.85米，树高5.2米，冠幅3.5米×4.5米，是旁边8～10年生沙糖橘树冠的3～4倍。据果树主人介绍，这株橘树的果实比一般树要早熟，果皮橙黄色至橙红色，果面亮滑，油胞饱满，果实软硬适中，带浓郁蜜香味。

广东沙糖橘产业从20世纪七八十年代开始兴起，受制于栽培技术和病虫害管理等因素，产业几经兴衰，然而，"橘王"树至今生存40多年坚挺依旧，非常珍贵，如同一位老者见证着产业的变迁。"橘王"的一生，成绩斐然，它的存在，也是沙糖橘产业的一股正能量。另外，沙糖橘一般在元旦前后至农历新年前上市，此时正是各行各业年终总结的时候，新农财取名"成绩好桔"的思路正来源于此，希望以此鼓励辛劳了一年的奋斗者们再接再厉，争取更好成绩。

2015年12月26日，广州（从化）首届沙糖橘电商与旅游文化节举行期间，"橘王"树果实已到最佳成熟食用期，新农财策划了一场"橘王"拍卖活动，将精选出来的品质最好的四盒沙糖橘礼盒装产品进行公开拍卖，每盒最高限价9 999元。活动引发市场高度关注，多家企业参与角逐，最终每盒"橘王"礼品均成功拍卖出9 999元的"天价"，轰动一时。此次"橘王"拍卖所得款项，用作教育公益基金捐赠给"橘王"树所在上罗村的小学，鼓励孩子们好好学习，取得更好成绩，这也体现了"橘王"拍卖活动的主题："品成绩好桔，成更好的自己！"

"成绩好桔"品牌取名来自成绩斐然的"橘王"。一般来说，沙糖橘对管理水平要求比较高，在管理水平较好的情况下，沙糖橘树的寿命可达15 ~ 20年，但极少超过30年；如果管理水平跟不上，再加上水肥不足，沙糖橘树寿命甚至达不到10年。因此，一棵生长了40多年，仍能保持高产优质"成绩"的沙糖橘树，是极为罕见的。"成绩好桔"，为奋斗者加油，鼓励奋斗者"争取更好成绩，成更好的自己"。

"成绩好桔"logo设计思路是以沙糖橘的形象融入"成绩好桔"美术字体之中，色彩以橙色和深红搭配为主，展现出一种轻松活泼的风格。

策划具有传播热点潜质的新闻事件，引发媒体报道，是新农财推广品牌的一贯思路，也被证明是扩大品牌知名度行之有效的做法，"成绩好桔"品牌的传播效应再次证明了这一点。为提升"成绩好桔"品牌知名度，新农财重点策划了"橘王"公开拍卖活动，并将拍卖所得款项用于资助乡村学子和教师，鼓励学子们"争取更好成绩，成更好的自己"。具备成为新闻事件的策划＋落地活动的操作方式，被《南方日报》《南方都市报》《南方农村报》等媒体报道后，"成绩好桔"品牌也成功出圈爆红。

"圣诞老人"摘下史上最贵沙糖橘!

在"成绩好桔"拍卖活动之前,新农财成功策划了一个"圣诞老人"摘下史上最贵沙糖橘的活动,请"圣诞老人"摘下"橘王"树最好的沙糖橘用于"成绩好桔"现场拍卖。

该活动作为2015年广州(从化)首届沙糖橘电商与旅游文化节的预热活动之一,得到《南方农村报》的支持和推广。2015年12月22日,《南方农村报》刊出《史上首次!圣诞老人竟要爬树摘沙糖橘王,帮帮他吧!》一文后,迅速得到广大网友的积极响应,许多"弄潮儿"报名,要担任"圣诞老人",亲自到从化采摘"橘王"树的果实。此外,《南方农村报》刊发的《圣诞老人要给奥巴马送一份中国礼物,你猜猜他送什么了?》文章中,有许多读者投票支持将寓意十足的"成绩好桔"送给奥巴马。活动还宣布,成功报名担任"圣诞老人"者除了可以得到1千克"橘王"果实外,还将承担一个特别任务,那就是为12月26日"橘王"线下竞拍活动采摘果实。

12月25日,成功当选的"圣诞老人"和前往见证采摘过程的近100名市民,一同从上罗村步行十多分钟上山,寻找到耸立山间的"橘王"树,在大家的见证下,"圣诞老人"一个一个地摘下了史上最贵的沙糖橘,筛选后装入精美的包装中,静待26日广州(从化)首届沙糖橘电商与旅游文化节上的"橘王"竞拍活动。这次有趣的活动得到了农财网、南方网等媒体的报道推广。

成绩好桔又上头条了!"圣诞老人"摘下史上最贵沙糖桔!
2015年12月26日—"成绩好桔"沙糖橘桔王,每盒35个,平均每个桔子285元,创下沙糖桔历抢购所得款项...
南方网 - news.southcn.com/g... - 2015-12-...

"成绩好桔"橘王拍卖活动

2015年12月23日,由南方报业传媒集团南方农村报社联合阿里巴巴集团、从化区政府举办的广州(从化)首届沙糖橘电商与旅游文化节盛大开幕。12月26日,"成绩好桔"现场拍卖活动成功举行。拍卖活动的"成绩好桔"来自"橘王"树当季所产品质最好的沙糖橘,共推出主题分别为"不忘初心""福至心灵""龙腾天下""再续辉煌"四款礼盒装产品。每盒以4 999元的价格起拍,经过现场的多轮角逐,最终每盒产品均拍出了

《南方都市报》2015年12月27日06版报道

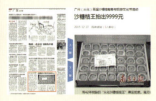

9 999元的"天价"，每盒沙糖橘为35个，平均每个"橘王"的单价达到285元。值得一提的是，当日广州市江南农副产品市场的沙糖橘每千克售价为5元，如此算来，"橘王"树卖出的单个"橘王"能抵57千克普通沙糖橘了。

沙糖橘"橘王"拍出天价吸足了眼球，这一极具传播价值的公益活动得到《南方日报》《南方都市报》《南方农村报》等媒体的关注和报道，"成绩好桔"也借势成功出圈爆红。

2015年12月26日举办的"成绩好桔"现场拍卖活动

"成绩好桔""橘王"拍卖善款捐赠活动

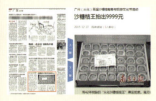

"品成绩好桔，成更好的自己！"2016年3月31日，在"成绩好桔""橘王"所在地的广州市从化区江埔街道上罗村小学，举办了一场简单而隆重的"成绩好桔""橘王"拍卖善款捐赠活动，这笔款项用于奖励30名在读优秀学生和6名优秀在职教师，并资助5名70多岁高龄的上罗村小学民办退休教师。该活动由从化区岭南水果产业协会和《南方农村报》、农财网共同发起，得到从化区农业局、上罗村村民委员会和上罗村小学的支持与媒体的关注。

2016年3月31日，在广州市从化区江埔街道上罗村小学举办善款捐赠活动

上罗村村民委员会和上罗村小学为新农财的助学行为赠送锦旗

"成绩好桔"成为网络名词

为进一步提升品牌知名度，新农财编辑了"成绩好桔"词条，成功被百度百科、搜狗百科录入，成为网络百科全书中的专有词汇。

通过持续的报道和推广，"成绩好桔"在互联网上的检索量不断上升，仅百度平台的检索量就达到330万条以上。

品牌产品

在"成绩好桔""橘王"成功拍卖的带动下，不少企业纷纷采购"成绩好桔"，作为年会指定水果。另外，从化沙糖橘协会联合《南方农村报》等媒体平台，与淘宝聚划算合作开展电商销售，以每2.5千克36.9元包邮的价格，引爆当年从化沙糖橘销售的热潮，最终以71小时卖出60吨的优异成绩收官。

"成绩好桔"是新农财策划并运营过的农产品中搜索量最多的一个品牌，同时又是销售不够连续的一个品牌——因为沙糖橘在快递过程中容易被擦伤，导致消费者投诉率较高，电商销售难以持续。那么为何它的搜索量居高不下呢？原因很简单，它是一个正能量满满的品牌，"争取更好成绩，成更好的自己"的品牌主张既直观又深刻，它的成功爆红再一次证明了，对于品牌的传播和营销，符合社会公共价值和新闻传播规律的策划并借势媒体宣传报道是一条捷径。这其中，提炼出精准有力的品牌主张至关重要，它可以让品牌具有持续传播的价值。

"成绩好桔"品牌在2015年广州（从化）首届沙糖橘电商与旅游文化节上一炮打响，不仅成功拍卖了四盒9 999元的"天价"礼盒产品，还带动了沙糖橘产品的销售和产业的发展。此外，通过捐资助学，强化了"成绩好桔"的品牌内涵，不但自己要争取更好的成绩，而且要尽可能地帮助别人、成就别人，也就是成己达人。

（七）"杨华苹果"：好吃就是硬道理！

"杨华苹果"是新农财团队深度参与营销的一个位于贵州省威宁彝族回族苗族自治县（简称威宁县）的苹果品牌。杨华是一个人名，他不仅是一位很有水平的苹果种植匠人，也是一位从事苹果栽培技术推广的高级农艺师，是名副其实的贵州威宁苹果产业发展带头人。

威宁是贵州苹果的主要产地，位于我国西南冷凉高地苹果产业带内，这个产业带还包括四川阿坝、甘孜，云南昭通、宣威等苹果产区，所产苹果的最大特点就是外形一般，但内在品质优异，在市场上有"丑苹果"之称。与陕西、山东等全国优势苹果产区相比，这些产区的产业化水平相对较低，市场知名度不高。

幸运的是，贵州威宁苹果这两年得到了习近平总书记和邓秀新院士的高度称赞。作为威宁苹果产业的引领者，"杨华苹果"也走上了品牌化发展的道路，在新农财团队的协作下，"杨华苹果"在品牌传播与市场渠道拓展方面越做越好，品牌效益不断提升。

品牌故事

贵州在中国苹果版图中所占的份额并不大。根据2019年的统计年鉴数据，贵州苹果产量仅占全国产量的0.48%，主要集中在与云南交界的威宁一带。威宁素有"阳光城"之称，光照充足，高海拔、低纬度、大温差的气候优势得天独厚，是苹果生产的适宜区域。对于威宁苹果产业的发展，威宁县的市管专家、高级农艺师杨华做出了突出贡献并得到了政府和社会的认可。

威宁曾是一个资源匮乏的国家级贫困县，要实现脱贫致富，必须要有合适的产业。1993年7月，杨华从贵阳农校园艺专业毕业后，主动申请分配到条件极为艰苦的威宁县农业局黑石示范场专门从事农业技术指导工作。根据理论与实践的综合判断，他坚信威宁是贵州苹果生产最适宜的地区。从参加工作以来，他便将自己的生活与威宁苹果紧紧地绑在一起。

起步之路总是很艰辛。相对山东、陕西等全国苹果优势产区，威宁苹果产业起步较晚，全县苹果生产存在品种杂乱、树体缺乏合理整形修剪、果园管理粗放、产量低、品质差的现状。杨华很清楚，威宁苹果要建立起自己的市场竞争优势，就必须走优质、早熟、绿色生态的发展道路。为了摸索出一套适合威宁苹果的栽培管理技术，白天，他不仅要管理生产，记录果树病虫害的发生、发展规律及果树生长规律；晚上，还要查阅资料夯实技术。通过苹果品种引进、选育、示范种植、栽培方式改良等，杨华成功实现了挂果早、品质优、乔化转矮化的技术创新。经过日积月累，杨华整理出了适合威宁的苹果栽培管理方面的第一手技术资料，探索并掌握了一系列的物候规律和苹果种植技能，然后把这些规律和经验用于生产实践。终于，他培育出了品质极佳的

"威宁冰心苹果"，成为具有威宁特色的苹果产品，得到省内外消费市场的高度认可。

为做好技术推广，无论集中培训还是现场亲自示范，杨华从不放过技术指导的每个细节，边做边向果农耐心讲解技术要点，还常与他们同吃同住，足迹遍及威宁所有的苹果基地。为充分带动当地苹果产业发展，杨华积极奔走，与各相关单位合作，集聚大量技术、人力、物力、财力，创办出了效益显著的山地高效生态农业示范园。人们看到了苹果带来的收益，纷纷加入苹果种植行列，由杨华拓荒的威宁苹果产业就这样生根发芽。

杨华在苹果园开展技术示范培训

2004年，杨华响应威宁县农业局进一步理顺下属场部经营和管理机制的决定，将当地黑石果场和新街果场承包下来经营，成了威宁苹果产业承包经营第一人。

凭着敢闯敢干的精神和脚踏实地的作风，杨华亲临一线带领农户发展苹果种植，经过20多年的艰苦努力，提升了苹果的产量和品质，打响了威宁苹果的名头。20多年来，带动当地农户累计增收5 690多万元，培养出600多名优秀的苹果生产技术人员。

如今，杨华已建成猴场、牛棚、黑石、雪山多个示范基地，带动贫困户共计240余户，单是猴场镇格寨村基地，种植规模就达到了5 000亩。杨华还注册成立了威宁县猴场镇印落福地生态农业专业合作社。据了解，合作社吸纳362户1 910人入股，入股股金共计1 847.6万元，入股土地7 868亩，每年稳定用工5万人次以上，可提供稳定就业岗位100多个。周边众多群众来果园务工，村民变果农，不仅在家门口赚到钱，还学到了技术，既解决了当地剩余劳动力就业难的问题，又为果农增收致富创造了新途径。

多年的实践和理论总结，使杨华在威宁苹果产业上取得了累累成果。2011年以来，杨华主持了威宁冰心苹果优质高效栽培示范与基地建设、苹果"三优"技术的引进与示范、精品苹果早果丰产与抗旱栽培技术试验示范、威宁红富士苹果高效施肥技术研究与示范等10多项科研项目，通过科研试验，总结出了一套可复制推广的苹果种植技术，同时他还主持和参与了10多项产业扶贫、财政扶贫项目，有效改善了威宁苹果生产品种杂乱、树体缺乏合理整形修剪、果园管理粗放、产量低、品质差的现状，推动威宁苹果产业取得突破性发展。

基于对威宁苹果产业的突出贡献，2020年，杨华荣获"贵州省先进工作者"荣誉称号。为进一步提升苹果的示范带动效益，杨华将自己亲自管理生产出来的苹果取名为"杨华苹果"，并在政府的支持下，购置了分选设备，加强供应链管理水平，走上了品牌化发展道路。

品牌主张

品牌的支撑基础在于品质。"杨华苹果"的背后是一位农业工作者数十年的执着与付出，同时，它也是品质不断提高的优质苹果代表。别看它"苹苹（平平）无奇"，甚至还有点"丑丑的"，但只要吃上一口，你就会发现"以貌取果"其实不大靠谱，用味道说话，最能征服人心。

"杨华苹果"带给人的品质体验堪称极致：洗净擦干，凑近果面，深深地呼吸苹果的清香；大咬一口，红得发亮的果皮被咬破，汁液溢进口腔，果肉与果汁的香甜，肆意地在舌尖上舞蹈，甜嫩的果肉和清润的果汁在嘴巴里交织，甜而真，脆而嫩，脆脆甜甜不含"酸"。

"杨华苹果"，就是用味道征服人心，好吃就是硬道理！

品牌形象

杨华苹果

"杨华苹果"品牌以个人名字命名，顺应了品牌人格化的潮流，体现了对产品品质的自信和担当，品牌logo颜色选择高级的黑金色，给人一种稳重、高级、耳目一新的感觉，辨识度高、容易记住，让消费者印象更深刻。

品牌传播

在新农财团队的深度参与下，"杨华苹果"的市场口碑越来越好。自2020年以来，随着网红大V罗永浩直播推介、中国银联云闪付、广东经视等平台销售推广活动的开展，"杨华苹果"的品牌知名度不断攀升。

头部网红直播推介，"杨华苹果""一炮而红"

在网红经济时代，知名网红代表着流量和曝光度，罗永浩就属于知名的头部网红大V。2020年11月15日，"杨华苹果"走进了罗永浩的直播间，在短短的几分钟时间里，"杨华苹果"冰糖心、果味浓的品质特点就被千万网友熟知。

这一场网红直播秀大大提升了威宁"杨华苹果"的知名度，虽然现场直接下单仅6000余箱，直播带来的销售效益不够显著，但后续的市场反响很大，许多渠道商通过这场直播找到了"杨华苹果"基地和营销负责人，为后续的市场拓展打下了良好基础。

媒体渠道齐宣传，助推"杨华苹果"出圈

结合"杨华苹果"的品质特点，新农财团队通过岭南鲜等公众号平台刊发多篇图文并茂的推文，生动地阐述了"杨华苹果"的品质特点，以及杨华推广培育威宁苹果的故事，并将内容推送到《南方农村报》官方网站等媒体发布。

同时，在新农财团队的推动下，"杨华苹果"顺利进驻银联云闪付平台，并连续获得广东银联的广告资源位以及现金补贴销

这个苹果堪称我国苹果天花板！甜香脆嫩连皮吃

杨华苹果 岭南鲜 10月14日

收录于话题
#杨华苹果 3 #云闪付 5 #威宁苹果 1

说起苹果，大家可能想到的是山东烟台、陕西洛川、新疆阿克苏等地区的苹果，对贵州苹果的认知并不多，其实贵州不仅有产苹果，而且其品质之优堪称我国苹果天花板，得到中国工程院院士的高度评价。

2020年10月23日，中国工程院副院长、中国科学技术协会副主席，民盟中央副主席邓秀新院士在贵州省农村产业革命水果产业专题报告上就专门提到：贵州威宁和云南昭通的交界，可以说也是世界上独一无二的特别的苹果产区，高海拔地区紫外线又特别强，生产出来

"杨华苹果"产品宣传推文

售的支持。为推广"杨华苹果",云闪付平台多次刊发产品推文。这些举措,大大拓展了"杨华苹果"在市场上的知名度,而"杨华苹果"也凭着优秀的品质收获了良好的市场口碑。

值得一提的是,2021年,在粤黔东西部协作的大背景下,广州市番禺区对口帮扶贵州省威宁县工作组为支持威宁苹果产业发展,在广州地铁投放了以"威宁红苹果·阳光小甜心"为主题的威宁苹果灯箱海报,投放时间将近一个月,市场反响热烈。帮扶工作组合作的重点对象就是"杨华苹果",他们支持引进了苹果分选生产线,提升了"杨华苹果"供应链的管理水平。

"杨华苹果"进驻中国银联云闪付

威宁苹果灯箱海报在广州地铁亮相

品牌产品

"杨华苹果"所在的贵州省威宁县,是一个被称为"阳光城"的地方,平均海拔2 200米,平均日照1 812小时左右,具有低纬度、高海拔、强光照、大温差的气候特征,非常适合优质苹果的生产。

2020年10月23日,中国工程院副院长、中国科学技术协会副主席、民盟中央副主席邓秀新院士在贵州省农村产业革命水果产业专题报告上对威宁发展苹果产业进行高度评价:贵州威宁和云南昭通的交界地带,可以说是世界上独一无二的特别的苹果产区,高海拔地区紫外线特别强,生产出来的苹果香味特别浓,果肉特别细,虽然外表不太好看,但是内在品质特别好。其他苹果主产区光照再好也模仿不了这个区域的苹果品质,世界上其他任何一个地方都无法模仿，在中国的苹果产业发展规划中，这一带是高原苹果区，也是优质苹果区。

邓秀新院士连用了五个"特别"、两个"模仿不了（无法模仿）"、一个"独一无二"来形容贵州威宁苹果，在农产品领域，如此之高的评价可谓凤毛麟角。

威宁苹果

"杨华苹果"的优秀品质，确实当得起邓秀新院士的评价：苹果香味特别浓，果肉特别细，虽然外表不太好看，但是内在品质特别好。

绿色种植的"杨华苹果"只要洗净擦干即可享用，完全无须担心果皮是否残留农药。吃之前凑近果面，深深吸几下苹果的清香，再一口咬下去，尽情享受苹果的清脆与香甜。"杨华苹果"肉质细密、汁多化渣、甜脆爽口，满口汁水让人回味无穷，也不用怕果肉、果皮会塞牙缝，真可谓是"甜香脆嫩连皮吃"。

"杨华苹果"成长记

从建园至今，"杨华苹果"一直严格按照国家绿色食品标准的要求生产，尽量减少化学农药和肥料的使用，尽可能还原自然生态种植环境，用匠心种出每一颗"杨华苹果"，找回苹果本身的自然味道。

初春，土地褪去冰雪的包裹，苹果树结束冬眠，嫩绿的小芽在枝桠里争相冒出来亮相，在阳光雨露的滋润中长出枝叶，开出娇艳的鲜花。工人师傅们为苹果树"整形瘦身"，保证树形统一。

整形修剪

苹果花开

半夏，小果子雏形已成，害虫也馋嘴了起来，工人师傅们在苹果树下养鸡，并配合太阳能智能杀虫灯、粘虫黄板等防治措施，抓住害虫，为苹果的健康成长保驾护航。

苹果树下养鸡

安装杀虫灯

为保证苹果树生长所需的充足营养，首先，工人师傅们会为果树"减负"，疏掉部分弱小、生病、残损的果子；其次，解除果树生长的竞争束缚，通过人工除草的方式去除杂草，并在行间种植绿肥作物，目的是与杂草竞争生存空间。不使用除草剂，严格按照绿色食品标准施用农家肥和依靠滴灌系统运输的水溶肥补充营养，让生态绿色的果子在水肥的营养中成熟起来，在阳光下露出绯红的笑颜，最后成为消费者们吃到的"杨华苹果"！

人工除草，种植绿肥

挖沟施用牛粪沤制的优质有机肥，优质"杨华苹果"挂满枝头

"杨华苹果"&"种植匠"品牌包装

特级果、一级果包装

二级果精简装

　　"种植匠"是新农财打造的一个种植业的认证品牌，杨华是一位符合种植匠标准的生产者。因此，新农财团队在参与设计的"杨华苹果"品牌包装上，放上了"种植匠"的品牌logo。包装选取暖红色作为主色，主要有两重寓意：一是威宁海拔高、光照强，苹果种植过程不套袋，种出来的苹果比较接近暖红色；二是暖红色调在视觉上给人一种温暖的感觉。特级果、一级果包装正面以简约大气的"杨华苹果"为主体，并辅以英文翻译，体现出高级感，可作为出口的包装；二级果精简装包装正面设计使用了古风元素，在苹果图案内融入乌蒙山、威宁草海、凤山寺、黑颈鹤四大贵州标志性元素，表明"杨华苹果"属于贵州的特色产品。

"杨华苹果"品牌产品销售

　　2021年的农产品市场行情整体不佳，具有同样地理优势的云南昭通苹果并不好卖，统果批发价每千克2元多，质量差的苹果更是低至每千克1.6元以下。而"杨华苹果"通过合理的产品质量分级，特级果地头价每千克高达14元以上，在一级批发市场的批发价每千克超过了20元，早中熟品种上市不到半个月，特级果、一级果基本售罄，其他级别的苹果也所剩无多，比预期销售时间缩短近半。

在新农财团队的努力下，"杨华苹果"成功上架中国银联的线上商城云闪付、岭南鲜、广东经视、高铁管家等电商平台。中国银联云闪付平台还拿出巨额补贴推广"杨华苹果"，用户只要在云闪付平台下单购买，即可享受最高15元的减免优惠。

媒体报道"杨华苹果"的供应销售情况

包装好的"杨华苹果"产品等待出货

另外，新农财团队还积极推动"杨华苹果"进驻广州、重庆的连锁生鲜商超、水果批发市场等，不断拓展线下品牌渠道。

"杨华苹果"品牌产品进驻商超

"杨华苹果"上架知名电商平台

"杨华苹果"品牌背后的主人公杨华高级农艺师，不仅是一位优秀的基层农技推广专家，更是新时代联农带农、推进共同富裕的基层代表。培育一个知名品牌，带动一个地方产业，帮助一方群众脱贫致富，杨华用了半辈子走这样一条路，新农财也愿意全力襄助，和杨华一道共同把"杨华苹果"培育成具有市场影响力的知名品牌。

几年前，新农财提出"种植匠"的理念，并一直在与合适的种植匠进行合作，但由于种种原因，新农财团队并没有下定决心向市场推广种植匠本人的专属品牌。直到接触杨华本人，新农财团队认为找到了完全符合种植匠标准的生产者，因此打消了顾虑，倾尽全力推广种植匠本人的专属品牌，实现品牌"见物又见人"。目前，"杨华苹果"已逐步打开了市场局面，通过分选分级销售，以及在知名中高端渠道上的拓展，"杨华苹果"已经走在品牌带动产业效益提升的正确道路上。

二、省级区域公用品牌塑造与营销

近年来，新农财持续承担广东省级以及部分县级农产品品牌宣传推介服务项目。新农财结合自身积累的农产品市场化实践经验，在农产品区域公用品牌营销策划方面打造了部分创新案例，尤其是在县级农产品区域公用品牌营销策划和落地执行方面，从品牌定位、品牌包装、品牌产品标准、品牌传播和品牌营销等方面进行了系统梳理，规划品牌发展措施及路径——定义产品、树立形象、定位市场、精选渠道、提升品牌。在为地方政府部门开展品牌形象提升、品牌产品供应标准制定、品牌宣传推介与渠道拓展等具体有效的品牌营销服务工作中，总结出了一套区域公用品牌发展提升的路径措施，力图打造出品质优、口碑好、竞争力强的区域公用品牌标杆。

区域公用品牌市场体系发展策略思路

以蔬菜产业为例，广东是全国蔬菜种植大省，也是消费大省，还是著名的北运菜基地，但品牌知名度和影响力总体偏低。新农财团队经过调研分析，梳理出区域公用品牌市场体系发展的策略思路。

1.清晰的品牌定位

当前农产品处于总量供应过剩、优质产品供给不足的双重矛盾之中，大量没有品牌、来路不明、质量难以保障的农产品占据着市场主导地位，总体表现为市场竞争力弱、客户忠诚度低、生产效益差。广大企业虽然热衷于创建品牌，但是没有清晰的品牌定位及有效的市场营销，无法提升产品特质、供应链效率和市场占有率。因此，清晰的品牌定位是当下蔬菜产业开展一系列品牌运营事务的前提和起点。而要有清晰的品牌定位，就要探究当地蔬菜产业具有哪些核心优势，然后通过深入系统的梳理和分析，找到对自身品牌建设最有利的关键点。同时了解并掌握市场的行情、行业的竞争态势及同品类的品牌策略。最后通过清晰的品牌定位，总结出蔬菜品牌的发展愿景和阶段目标。

2.科学的产品规划

产品是品牌竞争力的核心要素。蔬菜是大宗日常消费品，产品涉及各类消费群体，因此，如何因地制宜构建有竞争力的产品线，形成科学的产品系列组合显得极为重要。挖掘产地的传统蔬菜品种特色资源，结合现代蔬菜种业发展方向，对适合生产区域的品种进行遴选，构成拳头产品＋常规产品的科学组合，使蔬菜品牌发挥最强的竞争优势和取得最大的市场效益。

3.精准的价值诉求

无论是产品层面还是品牌层面，价值诉求都非常重要。在品牌运营中，客户或消费者不会无缘无故和莫名其妙地采购和消费。他们每一次采购和消费农产品的背后，都有非常清晰的目的性。要么是为了满足基本的功能性需要（质量安全），要么是为了满足精神价值的需要（高品质、档次感）。因此，蔬菜品牌的价值诉求，实质上就是用客观、确凿、精准的表达方式向消费者传递为品牌买单的充分理由。通俗地讲，就是要向消费者讲明白这个品牌的蔬菜产品与其他品牌产品的差异何在，以及如何将这个差异做到标准化。

4.广泛的品牌认知

采购商、消费者对于陌生的产品或品牌，会本能地产生不信任或抵触的感觉。他们担心品质问题、关心服务问题、质疑价格问题。而拥有知名度和公信力的品牌产品，正是消除消费者内心担忧最有力的保障。因此，全新塑造的蔬菜品牌需要挖掘总结自身的品牌特质，从品牌形象、品牌标准、品牌实力等方面充分展现品牌核心价值，设计出吸引眼球的宣传材料，配合营销渠道导入市场，让采购商、消费者全面认识区域公用品牌。

（一）广东荔枝

荔枝是最负盛名的岭南佳果，其果肉甘美鲜甜，令人回味无穷。在中国南方的广东，荔枝有近3 000年的栽培历史和文化积淀，品种、品系琳琅满目，经过自然进化、人工驯化和选择栽培，形成了许多沿袭几百年名称的著名优良品种，白糖罂、挂绿、桂味、糯米糍、怀枝等一大批传统品种，更是成为"广东荔枝"最响亮的名片。

广东荔枝种植面积全国第一，产量占全国50%以上，带动从业人员超过180万人，已成为广东省富民兴村的重要产业。从2020年以来，在广东省农业农村厅的主导和推动下，"广东荔枝"省级区域公用品牌培育和推介工作正式启动。广东省农业农村厅

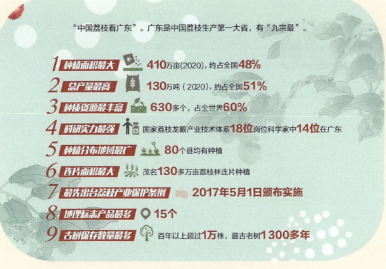

"中国荔枝看广东"。广东是中国荔枝生产第一大省,有"九宗最"。

1 种植面积最大　410万亩(2020),约占全国48%

2 总产量最高　130万吨（2020）,约占全国51%

3 种质资源最丰富　630多个,占全世界60%

4 科研实力最强　国家荔枝龙眼产业技术体系18位岗位科学家中14位在广东

5 种植分布地域最广　80个县均有种植

6 连片面积最大　茂名130多万亩荔枝林连片种植

7 最先出台荔枝产业保护条例　2017年5月1日颁布实施

8 地理标志产品最多　15个

9 古树保存数量最多　百年以上超过1万株,最古老树1300多年

广州荔枝"九宗最"

数据来源:广东统计年鉴、国家荔枝龙眼产业技术体系、智研咨询。

在荔枝上市季到来之前印发营销工作方案,并联合财政、商务、海关、贸促、外事、金融、保险、航空、电商、物流、协会、媒体等各方力量,以"广东荔枝"区域公用品牌为抓手,带动广东荔枝产业转型升级,提升广东荔枝产业的市场竞争力。

2021年,广东荔枝投产面积394.93万亩,产量147.31万吨,相比2020年的130万吨增长13.3%,产量创历史新高。在新冠肺炎疫情内外交织、贸易内外夹击等不利因素影响下,连续两年丰产的广东荔枝产业迎难而上,有关部门奋力打好荔枝产业、市场、科技、文化"四张牌",并按照"一个优势产业、一套标准体系;一个公用品牌、一套名录管理办法;一批核心企业、一系列品牌产品"的发展思路,通过采取"12221"等一系列品牌营销举措,实现影响力"破局"出圈,销售上逆势飘红。

在广东省级农业部门牵头启动的品牌"造势"背景下,新农财团队积极参与"广东荔枝"品牌营销工作,利用自身的品牌市场化运营经验努力"造市",推动"广东荔枝"品牌拓展商超、大型国企、机关单位等一批中高端消费渠道,在助力广东荔枝实现优质优价方面打造了一批典型案例。

"广东荔枝"品牌运营模式

品牌故事

广东荔枝文化资源丰富，是最能彰显岭南文化的代表之一。古往今来，描绘广东荔枝的诗词歌赋很多。关于荔枝的历史典故不胜枚举，唐代杜甫、白居易，宋代苏轼、陆游等，都留下了赞扬荔枝并借此歌颂祖国河山的佳句。从古至今，最脍炙人口的诗句莫过于杜牧的"一骑红尘妃子笑，无人知是荔枝来"，以及苏东坡的"罗浮山下四时春，卢橘杨梅次第新，日啖荔枝三百颗，不辞长作岭南人"（罗浮山在广东惠州）。道光年间，广州荔湾唐荔园落成，文人雅士结社征诗，仅咏荔诗就有一千多首。清代两广总督阮元有诗曰："新歌初谱荔枝香，岂独杨妃带笑尝；应是殿前高力士，最将风味念家乡。"

茂名是全国最大的荔枝生产基地、广东荔枝第一主产区，种植面积超过130万亩，约占全世界种植面积的20%，其中以高州市、电白区最为集中。高州市根子镇贡园距今已有2 000多年的历史，是目前全国面积最大、历史最悠久、保存最完好、老荔枝树最多、品种最齐全的古荔园之一，又被称为"荔枝博物馆"。

在高州市泗水镇和分界镇，电白区霞洞镇和羊角镇，惠州市镇隆镇和河源市古竹镇等地，都发现了树龄在百年以上的古荔枝树群，许多树龄甚至在500年以上。广东全省百年以上的古荔枝树超过1万株。

夏天的广东，是享受荔枝美味的季节。汕头、河源、梅州、汕尾、阳江、湛江、潮州、揭阳、云浮等地都有产出荔枝，年产量1万~14万吨不等，茂名荔枝的年产量则高达52万吨。

时至今日，荔枝成了广东单一水果种植面积最大、发展潜力最足、品种特色最鲜明、区域优势最明显的经济水果，并形成了"世界荔枝看广东"的行业地位。全省拥有600多份荔枝种质资源，占全世界的60%；栽培面积10万亩以上的地级市有9个，面积1.5万亩以上的县有47个，形成粤西早中熟荔枝、粤东中迟熟荔枝和珠三角晚熟荔枝3个区域特色鲜明的集中优势区。

一直以来，广东省各级政府部门都非常重视荔枝产业的发展，各地品牌创建热情不断高涨。特别是2017年出台的《广东省荔枝产业保护条例》，涵盖广东省行政区域内荔枝种质资源保护、种植、储藏、运输、加工、销售、品牌保护等方方面面，使广东荔枝产业的发展从此"有章可循，有法可依"。目前，广东的荔枝产业已经有15个地理标志保护产品，分别是"惠来荔枝""罗浮山荔枝""东莞荔枝""南山荔枝""钱岗糯米糍荔枝""增城荔枝""增城挂绿""茂名白糖罂荔枝""高州荔枝""阳东双肩玉荷包荔枝""新兴香荔""庞寨黑叶荔枝""萝岗糯米糍荔枝""镇隆荔枝""黄田荔枝"，形成了14个县（市、区）区域公用品牌和4个特色农产品优势区。

从2019年起，广东省启动荔枝"12221"市场营销行动，包括建设一个荔枝全产业链数据平台，组建采购商和经纪人两支队伍，建设产地和销区两个市场平台，策划采购商联盟走进荔枝产区及荔枝产品走进销区市场两类活动，实现打造品牌、扩大销量、市场引导、推广良种、果农增收等一揽子目标。按照"12221"行动计划，政府、企业、科研单位等部门通过统筹好品牌建设、文化赋能、创意设计及宣传推介等全渠道资源，合力打造"广东荔枝"区域公用品牌。2020年，"广东荔枝"区域公用品牌产品供应标准正式发布，用于指导确定品牌产品规格、产品检测流程和供应示范基地遴选等品牌供应链全过程。

荔枝文化节

近年来，广东各荔枝主产区纷纷行动，树"荔"大品牌，创"荔"大市场。茂名加大"茂名荔枝"区域公用品牌logo的推广使用力度，择优授权3批共51家企业使用。高州、阳西等地相继发布区域公用品牌。惠来以"网络节＋云展会"模式，大力推广包括"惠来荔枝"在内的"惠来五宝"品牌。惠州（镇隆）举办东坡荔枝文化节，借助苏东坡典故，力推"东坡荔"品牌。深圳举办黄田荔枝品牌文化节、南山荔枝主题推广月系列活动……形成以区域公用品牌、企业品牌、特色农产品品牌为核心的广东荔枝品牌发展格局。

在强大的营销推动和品牌引领下，妃子笑、桂味、糯米糍、仙进奉、井岗红糯等一系列风姿各异的岭南佳荔，随着一个个隽永的名字被全球消费者熟知，广东正以荔枝产业"小切口"推动农业产业"大变化"。

品牌形象

为提升"广东荔枝"品牌形象，有必要设计"广东荔枝"品牌标识，完善品牌视觉体系，打造独具特色、生动形象的农产品区域公用品牌。

"广东荔枝"品牌标识

"广东荔枝"品牌标识以工笔画荔枝插画为主体造型，体现"广东荔枝"的文化内涵，勋章化的造型传达区域品牌的权威感。标识可以灵活适用于各种物料载体，整体风格年轻而鲜活，象征"广东荔枝"走向世界，表达健康与美丽生态的品牌理念。

"广东荔枝"品牌包装

"广东荔枝"品牌包装设计提取最具广东岭南特色的建筑镬耳屋（具"独占鳌头"之意）元素，结合荔枝手绘插画设计而成。为了与市场上的普通荔枝包装形成区别，采用果绿色作为背景色，与荔枝果皮的红色形成冷暖强对比，突显荔枝为主角，以此达到万绿丛中一点红的效果。荔枝插画部分采用UV工艺，主标题字采用烫金工艺，以此提升包装的整体品质感。

"广东荔枝"品牌包装

除了外包装，还专门设计了"广东荔枝"内包装袋及品牌标签。内包装袋规格为500克装。

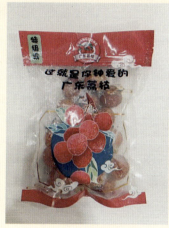

"广东荔枝"区域公用品牌产品

生产基地：茂名高州沙田桑马荔枝基地

供 应 商：广州新农财数据科技股份有限公司

产品品牌：马头牌

品　　种：桂味

等　　级：特级果

登记批号：Q012020052

储存方法：3～8℃

投诉电话：4000330890

"广东荔枝"特级果内包装及标签样式

品牌营销与传播

广东荔枝甘甜爽脆、鲜嫩多汁，味道之美令人难以忘怀。但因为不耐储藏的特性，曾使荔枝在冷链物流不太发达的年代一度遭遇卖难的困境。近年来，随着现代物流业飞速发展，广东荔枝的市场版图不断扩大，不过农产品向来存在"丰产不丰收、减产必减收"的怪圈，要让广东荔枝实现丰产有价、优质优价，唯有不断提升品牌知名度，强化营销力度，使广东荔枝"破局"出圈。

近年来，为提升"广东荔枝"品牌知名度，在广东省农业农村厅以及各级政府部门的推动下，广东荔枝产业持续行动，屡获佳绩，产销对接火热，品牌愈来愈响。

新农财立足自身优势，组织策划一系列市场营销推介活动，通过线上＋线下联动，严格按照"广东荔枝"品牌产品供应标准，拓展高端商超、大型国企、新零售等优质渠道，搭建广东荔枝网络销售推介专区，不断提升"广东荔枝"品牌知名度，实现优质优价。

"广东荔枝"品牌产品供应标准

2020年，在广东省农业农村厅的指导和推动下，国家及广东荔枝龙眼产业技术体系、广东荔枝产业联盟、省内各产区核心生产企业、新零售企业、商超、快递物流企业等荔枝科研、生产、物流和销售全产业链三十家单位，集思广益，群策群力，制定并联合发布了《"广东荔枝"区域公用品牌产品供应标准》，涉及品牌产品规格、产品检测和供应寄递等整个荔枝供应链环节。

其中，产品质量标准根据各品种果皮颜色、个头大小、风味、糖度、单果重等规格进行分级，分为特级果、一级果、二级果，细分采收标准和操作方式，源于市场又高于市场。

广东荔枝 早熟品种

妃子笑

果大肉厚、色美味甜，风味浓郁

糖度（%）

单果重（克）

鲜食

优良中早熟品种，最宜鲜食。果大肉厚，色泽鲜艳，果皮淡红带绿，皮薄，果肉白蜡色，核小多汁，清甜微酸。

上市时期：5月中旬至6月上中旬
主要产地：湛江（廉江），茂名（化州、电白），广州，阳江（阳西），惠州（惠东）

广东荔枝 早熟品种

白糖罂

肉爽脆，味清甜，带蜜香

糖度（%）

单果重（克）

鲜食 制干 制罐

优良早熟品种，历史悠久。又名中华红，歪心形，果皮鲜红而薄，肉白蜡色，少汁，味清甜，带有蜜味。

上市时期：5月初至6月上旬
主要产地：茂名（高州、电白）

广东荔枝 中熟品种

桂味

肉厚鲜嫩，爽脆多汁，清甜带桂花香味

糖度（%）

单果重（克）

鲜食 制罐食品

鲜食最佳品种，品质极佳。近圆球形，果皮鲜红，皮薄而脆，多数小核，肉色雪白，清甜爽脆。

上市时期：6月中下旬至7月上旬
主要产地：湛江（廉江），茂名（高州），广州（从化、增城），惠州（博罗、惠阳、惠东）

广东荔枝 中熟品种

黑叶

肉质细软，味甜微香

糖度（%）

单果重（克）

鲜食 制干 制罐

古老地方品种，又名乌叶，歪心形，果皮暗红色，皮薄而韧，肉黄蜡色，肉质软滑细致，果汁中等多，风味清甜，微香。

上市时期：6月初至6月中下旬
主要产地：茂名（高州、电白），云浮（郁南），珠三角地区，陆丰，惠来

广东荔枝 晚熟品种

糯米糍

肉厚鲜嫩，软滑多汁，味浓甜带糯米香

糖度（%）

单果重（克）

鲜食 制罐宜种

鲜食最佳品种，品质极佳。偏心形（偏扁），果皮鲜红，果肉乳白或黄蜡色，肉厚，细嫩多汁。

上市时期：6月中下旬至7月上旬
主要产地：广州（增城、从化），东莞，惠州（惠东、惠阳、博罗），汕尾

广东荔枝 晚熟品种

怀枝

肉软多汁，味清甜略带酸

糖度（%）

单果重（克）

鲜食 制干 制罐

又名禾枝、淮枝，近圆形或圆球形，皮厚而韧，暗红色，大核，果肉白蜡色，肉软多汁，味清甜。

上市时期：7月上中旬成熟
主要产地：广州（从化），惠州（惠东），陆丰

"广东荔枝" 品种展示标准

推出"广东荔枝"采购导图

广东荔枝遍布粤东、粤西及珠三角超过80个县(市、区),上市期从5月上旬持续到7月中旬,分为粤西早中熟荔枝、粤东中迟熟荔枝和珠三角晚熟荔枝3个区域特色显著的产业带。

为更清晰地掌握广东荔枝各产区的上市规律,新农财团队参与制定了广东荔枝采购导图。采购导图涵盖了广东荔枝各个产区的上市时间、品种以及产量等信息,旨在为广大采购商采购广东荔枝提供准确的指引。

"广东荔枝"主流品种及上市时期

"广东荔枝"品牌营销

2020年以来,广东荔枝在"12221"市场营销行动指引下,举办了国际网络荔枝节、"广东荔枝号"南航客机启航、"广东荔枝"登上广州塔和漂洋过海亮相美国时代广场、"广东荔枝"红色之旅等一系列创意十足且社会效应显著的营销推广活动。

"广东荔枝"品牌推广

广东荔枝各主产区也持续推出"广东荔枝"品牌系列宣传推介活动，打响品牌口碑。广州市从化区推出"荔枝＋公益"，创建美荔庄园；徐闻县组织一园一直播、种植能手带货；廉江市牵手奥运冠军，带火家乡荔枝；高州市成立荔枝采购商服务中心，为采购商提供免费住宿等服务，并借势粤陕合作，推动"荔枝北上、苹果南下"；茂名市通过文化赋能，全民直播打造"千年荔乡"系列活动，推动线上卖、国外销……

在全省各地的努力下，广东的夏天成了名闻全球的"荔枝季"。新农财团队也策划实施了一系列市场化品牌营销活动，专注于中高端渠道的拓展，让品牌产品实现优质优价，为"广东荔枝"品牌培育添砖加瓦。

（1）"广东荔枝"速达广物汽贸。2020年6月13日，"广东荔枝"速达广物汽贸车尾箱工程专场活动成功举行，生动地演绎了"广东荔枝"从基地到消费端的超高效率，将区域公用品牌农产品与市民消费通过车尾箱连接到了一起，广受车主消费者欢迎。按照《"广东荔枝"区域公用品牌产品供应标准》供应的特级妃子笑荔枝售价高达48元/千克，凌晨从果园摘下，最快12小时内即可送到消费者手中。

（2）"广东荔枝"进驻盒马鲜生。在如何卖好广东荔枝这个问题上，传统产业与现代新零售再次擦出创新火花。2020年6月，来自茂名、广州、湛江等地的优质荔枝在全国23个城市250多家盒马鲜生门店及线上商城上架，涵盖白糖罂、妃子笑、桂味、糯米糍等优质品种，每千克荔枝价格40～68元不等。当年，广东

"广东荔枝"速达广物汽贸

"广东荔枝"进驻盒马鲜生

在今年市场桂味整体收成较为一般的情况下，这产量和品质非常难得，因此直接被某高端连锁生鲜超市相中，全国供货。

清晨采摘，当日████空运发出。

所有桂味荔枝，会在清晨之前完成采摘、去除大枝、分拣大小、称重打包等步骤，████空运发出，以保证发出的荔枝是最新鲜的。

知名美食博主"日食记"
力推广东桂味荔枝

荔枝一上市，盒马鲜生门店的荔枝销量就实现了40%以上的增长，吸引了一大批年轻消费者关注购买。

（3）"广东荔枝"空运到沪。"广东荔枝"桂味品种在上海市场反响热烈，受到知名美食博主"日食记"力推，茂名高州荔枝基地按照"广东荔枝"区域公用品牌产品供应标准严选装车，顺丰物流专车从地头送至机场空运到沪，2.5千克装的电商零售价高达198元仍供不应求。

（4）"广东荔枝"进驻高端超市。作为华润万家零售集团旗下的高端超市品牌，国内最高端的精品超市Ole'对"广东荔枝"持续加大采购，辐射粤港澳大湾区高端商圈。2020年5月，进驻Ole'精品超市的桂味荔枝，产自茂名高州，上市时间早，品质一流，符合"广东荔枝"特级果标准，极具市场竞争力，零售价高达158元/千克。

首批符合广东荔枝品牌标准的高州桂味在高端商超Ole'开卖

记者 林凯 2020-05-31 12:10

细核清甜、肉质爽脆，微微沁着桂花香，这说的正是桂味荔枝。近日，产自茂名高州的优质桂味荔枝在深圳Ole'精品超市率先上架。

"广东荔枝"进驻Ole'精品超市

（5）"广东荔枝"获银联云闪付平台补贴推广。云闪付是中国银联打造的移动支付新品牌，目前累计用户突破4亿。2020年以来，来自茂名、阳江、惠州等地的优质荔枝按照《"广东荔枝"区域公用品牌产品供应标准》入驻中国银联的线上商城云闪付平台。银联云闪付平台拿出巨额补贴推广"广东荔枝"，用户在云闪付平台下单购买，可享受最高15元的减免优惠。

云闪付平台推广"广东荔枝"

（6）"广东荔枝"牵手苏宁易购卖全国。广东荔枝，颗颗好吃。2021年5月，广东荔枝优质渠道再扩容，来自广东十大荔枝种植匠果园的精品荔枝按照《"广东荔枝"区域公用品牌产品供应标准》上架苏宁易购渠道，面向全国6亿苏宁易购会员开启为期2个月的广东荔枝季销售，将优质广东荔枝通过苏宁易购渠道卖往全国。该推广活动还发布了广东荔枝美味地图，科普广东荔枝区域品牌、品种分布、上市时间和选购方法等知识。

"广东荔枝"牵手苏宁易购

（7）1 000箱特级广东妃子笑，全程冷链直发西安。2022年5月28日，新一年广东荔枝季开启，首批符合《"广东荔枝"区域公用品牌产品供应标准》的特级妃子笑，由广东茂名高州发出，全程冷链直供西安高端社区渠道。由于2022年广东荔枝上市期较往年总体推迟15天以上，早市优质果有限，为确保品质，这批优质荔枝由高州马头基地供应，共计1 000箱，新农财团队现场负责品控，全程冷链物流，24小时内送达西安消费者手上。

"广东荔枝"宣传热度高涨

"广东荔枝"登上央视新闻联播

"广东荔枝"全方位宣传矩阵

近年来,广东荔枝的系列精彩营销行动吸引了媒体圈的海量流量。仅2021年,《人民日报》、新华社、人民网、新华网、光明网、新华每日电讯、《半月谈》等中央媒体及省市各级主流媒体、自媒体聚焦广东荔枝营销,联动发布广东荔枝专题或专版40多个,稿件500余篇,"广东荔枝"品牌上新闻联播、上广州塔、上高铁、上邮轮,形成"海陆空"全方位宣传矩阵。广东荔枝上热搜20次,流量超30亿,登上了北美、欧洲、东南亚、中东地区十大城市的地标大屏,实现全球范围内"同屏共振"。依托新华社海外182个分支机构优势,发挥国家级通讯社多语种、多层次的传播资源优势,做优做强广东荔枝国际传播。广东荔枝相关稿件在美国、德国、澳大利亚、阿拉伯联合酋长国等多个国家广泛传播,浏览量超过4.3亿。

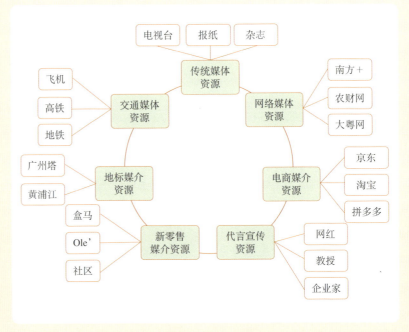

"广东荔枝"宣传资源矩阵

"广东荔枝"品牌产品溢价

在品牌价值的评估中，品牌溢价能力是其中一个重要的衡量维度。分品种来看，根据市场渠道的调查数据，品牌荔枝基地妃子笑平均地头价高出全省均价13.6%，茂名某基地特级果地头价高达14元/千克，高出全省均价51.5%。品牌荔枝基地白糖罂平均地头价高出全省均价15.6%，高州某基地特级果地头价高达18元/千克，高出全省均价88.3%。品牌荔枝基地糯米糍平均地头价高出全省均价17.2%。

（二）广东菠萝

菠萝是世界上仅次于香蕉和杧果的第三大热带水果。我国是世界十大菠萝主产国之一，种植面积约105万亩，居世界第四位，产量约200万吨，居世界第五位。

广东是中国最大的菠萝产区，年产量超过100万吨，占全国总产量的60%以上。在广东菠萝版图中，以湛江（徐闻、雷州）最为集中，种植面积和产量均占全省80%以上，其余则分布在广东揭阳、汕尾等粤东地区及珠江三角洲地区。品种方面，粤东地区以夏秋季上市的沙捞越等质优、较耐寒品种为主，雷州半岛以巴厘、金钻等春季收获品种为主，中部以夏秋季收获的粤脆菠萝为主。

从2019年开始，在广东省农业农村厅的引导和推动下，广东菠萝最大主产区徐闻菠萝率先探索实施"12221"市场营销行动（即推出一个菠萝大数据，以大数据指导生产引领销售；组建销区采购商和培养产区经纪人两支队伍；拓展销区和产区两大市场；策划采购商走进徐闻和徐闻菠萝走进大市场两场活动；实现品牌打造、销量提升、市场引导、品种改良、农民致富等一揽子目标），取得了明显成效，大大缓解了以往徐闻菠萝屡生产屡滞销的困境。

近年来，新农财团队积极参与"广东菠萝"区域公用品牌的营销推广，结合广东菠萝产业优势、品质特征、地方特色以及岭南农耕文化，举办线上＋线下的品牌营销推介活动，打造"产品推介＋

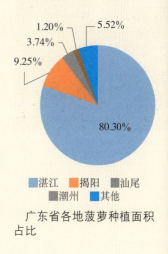

广东省各地菠萝种植面积占比

渠道推广＋电商营销"的农产品整合营销模式，努力提升"广东菠萝"品牌知名度，拓展了一批中高端销售渠道。

徐闻菠萝产区

菠萝是岭南四大佳果之一。广东菠萝以香、脆、甜闻名，其果实饱满，上下均匀、呈圆筒形，果肉为浅黄色或金黄色，肉脆，纤维少，果心小，香味浓郁适中，甜酸适中，在湛江、中山、肇庆、汕尾多地均有量产，其中尤以地处湛江的徐闻菠萝规模最大，知名度最高，有"中国菠萝看广东，广东菠萝看徐闻"之称。

徐闻菠萝产量约占全国的40%，全国每三个菠萝就有一个来自徐闻。在徐闻菠萝集中种植的曲界镇，丘陵山坡上的菠萝园曲线优美，舒缓起伏，田园一年四季色彩斑斓，与散落其间的村庄、巨大的白色风力发电机，共同构成了一幅独具魅力的热带生态农业景观。每年的三四月份，亿万株菠萝汇成一片"绿海"，无边无际，"绿海"中"金鳞"隐现，蔚然大观。著名经济学家厉以宁教授见到如此壮观的菠萝景观，不禁脱口而出了一个雅致的名字——菠萝的海。从此，"菠萝的海"就成了徐闻一个美丽而浪漫的雅号，逐渐传播开来。

据记载，徐闻菠萝是归国华侨倪国良在中华民国十五年（1926年）从南洋引进的。1921年，倪国良迫于生计到南洋谋生，进入马来西亚一个同乡经营的种植园中工作。在同乡老板的指导下，他学会了种植菠萝的方法，并在短短数年内成为当地种植菠萝的行家。五年后，有了一些积蓄的倪国良返回家乡徐闻县龙塘乡北平村，并带回了少许菠萝种苗在家乡试种。当时他带回的菠萝品种叫"巴厘"，如今巴厘已成为徐闻菠萝种植规模最大的品种。

一开始，倪国良在曲界愚公楼水尾桥附近试种，他发现这些巴厘品种的生长速度比较快，种出来的菠萝品质也与新加坡和马来西亚等地的比较接近。试种成功后，倪国良又在现在的徐闻县龙塘镇大小埚村、深井村及曲界镇愚公楼村、顶岭村等地推广试种。由于菠萝果汁多，香味浓，清甜可口，适合鲜食，在天气炎热的徐闻地区深受群众喜爱，随后附近村民纷纷效仿种植，最终形成当今徐闻的"菠萝的海"，也是著名的"愚公楼菠萝"的由来。

从徐闻愚公楼开始，菠萝产业就此起步，菠萝种植范围逐步扩展到雷州半岛、海南、广西北海等地，中国也成为当今世界菠萝十大主产国之一，其中广东菠萝占据了中国菠萝版图中60%以上的份额。

然而，在很长一段时间里，广东菠萝的品牌影响力一直偏弱，知名度远远不及台湾凤梨、菲律宾金菠萝等品种。近年来，区域公用品牌培育得到各级政府和产业界的高度重视，不过各地的普遍做法大多是取个"地域＋品名"的名字，并没有升华为具有强劲市场张力和足够商业价值的区域公用品牌，旗下也缺乏企业子品牌矩阵进行有力支撑。

由于缺乏品牌知名度，加上品种结构单一、生产经营落后、加工链条较短等问题，广东菠萝产业特别是徐闻菠萝曾一度陷入结构性滞销的局面。自2019年以来，在广东省农业农村厅的推动下，徐闻菠萝加强市场体系建设，在拓展流通渠道、打通加工链条、强化品牌形象等方面多管齐下，积极实践"12221"市场营销行动，力求解决"卖难"问题。近三年来，广东菠萝产供销对接顺畅，价格坚挺，区域品牌打造成效十分明显。2019年9月4日，农业农村部正式批准对"徐闻菠萝"实施农产品地理标志登记保护。目前广东菠萝已具有国家地理标志保护产品3个（愚公楼菠萝、神湾菠萝、徐闻菠萝），全国名特优新农产品2个（徐闻菠萝、神湾菠萝）。

如今，广东菠萝除了鲜果以外，还逐渐发展出菠萝干、菠萝罐头、菠萝乳酸饮品等精深加工产品，共同组成了广东菠萝的经济产品矩阵。另外，从菠萝中提取的菠萝蛋白酶，在医学、保健品、美容等行业中具有广泛的应用前景。

品牌形象

在各级农业部门的推动下，"广东菠萝"的品牌标识、包装、规格等品牌视觉体系逐步形成规范，有力提升了"广东菠萝"区域公用品牌形象。

"广东菠萝"品牌标识

"广东菠萝"标识以工笔画菠萝插画为主体造型，配搭金黄色勾画出"广东菠萝"物象构型，勋章化的整体造型体现区域公用品牌的权威感。标识简约大气，风格年轻而鲜活，象征"广东菠萝"走向世界，表达健康与美丽生态的品牌理念。

"徐闻菠萝"区域公用品牌logo的中心图形为菠萝的抽象图形，上部为菠萝叶，下部由一片片的红土菠萝田构成菠萝主体，主体颜色采用鲜绿色和橙色，象征安全、健康、新鲜、快乐、活力。图形整体简洁扁平化，易于记忆及媒体传播。

"广东菠萝"品牌包装

"广东菠萝"品牌包装设计思路充分体现岭南风格，以提取最具广东岭南特色的建筑镬耳屋（具"独占鳌头"之意）元素，结合菠萝手绘插画设计而成。包装采用蓝色作为背景配色，有考虑广东菠萝主要产自湛江蔚蓝色的大海边之意，同时蓝色与菠萝金黄色形成色彩强对比，画面醒目地突出菠萝为主角的视觉效果。菠萝插画部分采用UV工艺，主标题字采用烫金工艺，提升包装的整体品质感。

除了外包装，还设计了"广东菠萝"品牌产品等级标签，供符合品牌产品供应标准的企业使用。

"广东菠萝"品牌包装

徐闻菠萝广东省特色农产品优势区

品种：金钻凤梨

等级：特级果

规格：9.0kg

登记批号：BL2819-22032401

投诉电话：4000330890

"广东菠萝"品牌产品标签

品牌营销与传播

2019年以来，广东菠萝以"12221"市场营销行动为抓手，抓住产销市场，畅通流通渠道，大动作不断。"每3个中国菠萝就有1个来自徐闻""广东徐闻菠萝大量上市""直播广东菠萝丰收"等话题持续登上各网络平台热搜榜，"广东菠萝广场"在全国各大中心城市落户形成"连锁"展销中心，"徐闻菠萝"高铁专列横跨北京、上海、广东等14个省份，广东菠萝主题曲《菠萝的海》上线国内外各大音乐平台，百名网红千名主播菠萝的海直播带货……一系列创意十足的精彩营销活动，大幅提升了广东菠萝的市场知名度，使广东菠萝一跃成为春季的"顶流水果"。

在强大的营销攻势下，采购商们纷至沓来，产销对接火热，广东菠萝不但拓宽了国内市场，还漂洋过海，出口RCEP（区域全面经济伙伴关系协定）成员，亮相欧美市场。菠萝卖成了"爆款"，也带动了农民增收。2020年，菠萝主产地曲界镇仅邮政银行农户存款余额就高达12.56亿元，同比增长2.65亿元，增长率26.68%，在新冠肺炎疫情疫情肆虐下打赢了一场菠萝销售逆转战。

"广东菠萝"品牌推广

"广东菠萝"品牌产品供应标准

为使"广东菠萝"品牌产品的品质标准直观化，提升品牌营销效果，助力中高端渠道拓展，新农财团队在菠萝产业专家的指导下，参与制定了"广东菠萝"品牌产品供应标准。其中，产品质量标准根据各品种果皮颜色、个头大小、风味、糖度、单果重等规格进行展示分级。

"广东菠萝"品种展示标准

"广东菠萝"品牌营销

"广东菠萝"进驻商超

（1）"广东菠萝"进驻知名商超。2021年3月23日，"广东菠萝甜蜜中国行"首站在广州胜佳超市应元店开启，全市78家门店全面上架优质徐闻菠萝。徐闻菠萝一上货架，就吸引了众多消费者前来选购。活动现场，呈现了菠萝沙拉、酱油菠萝、酸梅菠萝等多种花式吃法，开展了抽奖免费送菠萝等游戏。活动还邀请了菠萝种植专业户和采购商来到现场，针对如何挑选优质菠萝、区分菠萝品种、判断菠萝成熟度等问题与市民互动，使得市民购买热情大增，直呼"买了买了"！

（2）"广东菠萝"进驻苏宁易购"418"营销大推介。2021年4月18日，来自徐闻的巴厘菠萝和金钻凤梨上架苏宁易购网购平台"418"购物节，同步在广州苏宁易购达镖店举办线下品评活动，吸引了附近商业楼群、社区、高校等大批中高端消费人群参加。活动中，按照"广东菠萝"品牌产品供应标准在苏宁易购上架的巴厘菠萝售价为12元/千克，金钻凤梨售价为25.2元/千克，均比普通菠萝市场售价高出约1倍。苏宁易购为大力推广"广东菠萝"品牌产品，推出了"418实惠大放送"活动，对每件广东菠萝产品提供了5～10元不等的优惠补贴。

"广东菠萝"进驻苏宁易购

（3）"广东菠萝"走进机关食堂推介。2021年4月22日，"广东菠萝"进机关食堂专场推介活动在广东省农业农村厅以"线上预热、线下品评、机关社区电商团购"的形式举办。来自徐闻的优质巴厘菠萝和金钻凤梨受到广大干部职工的高度好评，品尝后纷纷分享推广。活动还科普了菠萝产品知识以及优质菠萝的选购标准。

"广东菠萝"走进机关食堂

（4）"广东菠萝"获银联云闪付平台补贴推广。2021年以来，来自徐闻的优质菠萝按照《"广东菠萝"区域公用品牌产品供应

云闪付徐闻菠萝营销专场活动

标准》成功进驻中国银联线上商城云闪付平台，并获持续热销。特别是2022年春季，新冠肺炎疫情的再次爆发给农产品销售带来不小的冲击，但符合"广东菠萝"品牌产品特级果标准的徐闻菠萝，在比普通菠萝市场售价高出1倍的情况下，依然受到青睐，首批限量1 000份特级菠萝在3天内被抢购一空。

云闪付徐闻菠萝营销专场活动还得到中国银联总部的大力支持，被选为云闪付商城的策划活动"我的家乡味道｜一步一味"第一期产品，得到了云闪付平台首页轮播、生活页爆品抢购、生活页弹窗等珍贵的全国地区活动资源位支持以及补贴优惠。在强大的营销资源加持下，徐闻菠萝特级果一度卖到脱销。

"广东菠萝"全方位宣传矩阵

近年来，广东菠萝的系列精彩营销行动吸引了媒体圈的海量流量。《人民日报》、新华社、人民网、新华网、光明网、新华每日电讯、《南方日报》等中央媒体及省市各级主流媒体、自媒体聚焦广东菠萝营销，联动发布广东菠萝专题或专版数十个，稿件1 000多篇，"广东菠萝"品牌上新闻联播、上高铁、上热搜，形成"海陆空"全方位宣传矩阵。"广东菠萝"形象登上了美国纽约时报广场，依托新华社海外分支机构，发挥国家级通讯社多语

媒体专题报道"广东菠萝"

种、多层次的传播资源优势，做优做强广东菠萝国际传播。在强大的宣传资源加持下，广东菠萝成为名副其实的"顶流"水果，在各大网络平台的检索量超过10亿次。

"广东菠萝"品牌产品溢价

近年来，随着品牌营销活动的持续推进，"广东菠萝"的品牌溢价效应非常明显。符合品牌产品供应标准的广东菠萝受到中高端优质渠道的欢迎和力推，根据市场渠道数据统计，徐闻巴厘菠萝品牌溢价超35%，金钻凤梨品牌溢价超100%。

广东菠萝各等级规格地头价格

货品规格	罐头果	0.5～0.75千克/果	0.4千克/果起通货	0.65千克/果起通货	0.75千克/果起通货	特级果（1～1.25千克/果）
巴厘菠萝价格（元/千克）	1～1.4	1.3～1.7	1.6～2.0	1.8～2.2	2.0～2.4	5
金钻凤梨价格（元/千克）	0.75千克/果起，3.6～4.0；1千克/果起，4.6～5.0					10

三、县级区域公用品牌塑造与营销

（一）连州菜心

连州菜心是广东名特优新区域公用品牌产品，国家农产品地理标志保护产品，菜叶厚，菜味足，清甜爽脆，无筋无渣硬度适中，品质出众，是广东少有的精品高山菜心。近年来，连州菜心连年举办推广活动，并取得了一定成效。但广州、深圳等珠江三角洲城市的部分消费者还没有听说过"连州菜心"，对其产品品牌、品质没有印象，无法形成强有力的购买意向，"连州菜心"品牌影响力尚需进一步提升。

品牌的打造升级是一套系统工程，它包含品牌形象提升、产品标准制定、品牌传播推广以及销售渠道体系构建等环节，要擦亮"连州菜心"品牌，就必须从这些方面着手。

广东精品高山菜心——连州菜心

规划"连州菜心"品牌发展路径,分解为定义产品、树立形象、定位市场、精选渠道、提升品牌等步骤,为后续具体工作提供精准指导。

(1)定义产品。连州菜心产自粤北高海拔山区,种植面积约10万亩,整体规模不大。连州秋冬季节昼夜温差大,菜心生长缓慢,种出来的菜心比广东其他产区的更清甜、脆嫩、爽口、多汁。从产品本身的角度出发,连州菜心可以定义为广东精品高山菜心,与普通的非高山菜心进行档次上的区分;从市场角度分析,连州菜心主供星级酒店、茶楼酒楼等优质消费渠道,成为广东早茶等茶点消费市场的必选好食材。

综合以上视角,新农财提炼出"连州菜心"的推广标语:

鲜甜脆嫩高山味!正宗连州菜心,地道老广味道!

(2)树立形象。一直以来,连州菜心缺乏具体的品牌形象,需要设计logo和完善的VI体系等系列视觉展示内容,并制作成物料投入使用,突出品牌存在感,让消费者更好地感受"连州菜心"品质和感知"连州菜心"品牌。

(3)定位市场。聚焦粤港澳大湾区,以广州、深圳为核心城市,开发追求优质安全新鲜农产品的高端用户群体作为目标消费者,在高端市场形成消费潮流。

(4)精选渠道。帮助连州菜心重点企业进入机关单位、企业集中采购客户名录,开发中高端商超酒店及高档社区团购等渠道,拓宽连州菜心销售市场。

(5)提升品牌。组织策划连州菜心进机关食堂、进五星级酒店品鉴推介等一系列品牌宣传推介活动,提升"连州菜心"品牌知名度,让更多消费者和销售渠道认可"连州菜心"品牌。

品牌形象提升

连州菜心品牌形象提升包括设计"连州菜心"品牌标识、完善品牌视觉体系、设计制作周边产品等，形成立体丰富的"连州菜心"品牌形象，成为特色鲜明、生动形象的农产品品牌。

(1) **"连州菜心"品牌VI体系**。首先是设计"连州菜心"品牌logo。作为广东蔬菜中的名品，"连州菜心"品牌logo设计思路主要依据菜心的外观特点：十字花科蔬菜，叶片狭长、淡绿色，菜花浅黄色等，抽取其形象构成logo的主体，同时融入体现广东文化的岭南风格建筑符号、连州独特的自然生态环境、特有的地形地貌和灌溉水源。品牌logo醒目地传递出连州菜心新鲜、绿色的高山蔬菜特色。

"连州菜心"品牌VI体系应用

  +   +

连州菜心　　菜花　　　连州山脉　水源清澈　　　岭南腹地

"连州菜心"logo设计思路

其次是运用新设计的品牌logo，设计"连州菜心"VI体系，在产品包装箱、产品手册、广告墙、视频等多方面应用，呈现"连州菜心"品牌高端大气的视觉效果，提升品牌形象。

(2) **"连州菜心"品牌文创**。联合设计机构举办连州菜心文创比赛，设计、开发、制作成一系列的周边产品，在连州菜心节、省级农博会等活动现场展示、推介，也可以让消费者选购。生动活泼的周边产品，便于推广连州菜心文化，利于传播"连州菜心"品牌。

(3) **制作连州菜心绘本**。联合专业机构开发制作连州菜心绘本，以故事的形式呈现"连州菜心"品牌文化，介绍连州菜心的产业发展历程、生长环境、生长过程和品质特点，让消费者带着小朋友一起学习农业科普知识，感受菜心生长的有趣历程，寓教于乐，助推"连州菜心"成为生动有趣的品牌。

品牌产品标准制定

按照"连州菜心"品牌产品供应标准采摘产品

组织蔬菜专家、菜心企业负责人、渠道商代表等专业人员，考察、制定"连州菜心"品牌标准，包含产品质量标准和生产标准，从菜心品种、质量安全、分级规范、生长环境、管理环节、采收标准、加工过程、储运操作、商标规范等方面进行梳理，参考现有的国家标准和行业标准，总结制定出符合连州菜心实际状况的品牌产品标准。

产品质量标准根据外观、大小、纤维度等规格进行严格分级，细分采收标准和操作方式，充分体现"连州菜心"优质安全、精益求精的特色。

生产标准从产品品种、生长环境、管理环节、加工过程、储运操作等方面进行细化，适合连州地理环境特征，符合国家要求，科学高效，便于操作。

标准的价值在于落地执行，执行标准的主体首先是连州菜心的核心企业。新农财建议由核心企业带头执行"连州菜心"品牌产品标准，从产地环境到生产管理，从采摘标准到储运销售，严格按照"连州菜心"品牌产品标准供应粤港澳大湾区市场，让消费者充分认知"连州菜心"的品质，认可"连州菜心"品牌。

市场营销体系构建

组织策划一系列品牌推介活动，邀请机关单位、企业集中采购连州菜心，开发中高端商超、星级酒店等渠道销售连州菜心，搭建连州菜心网络销售推介专区，全方位拓宽连州菜心销售渠道，完善连州菜心市场营销体系。

(1)"连州菜心"品牌推广。根据连州菜心主要的消费场景，结合广东的早茶文化，重点在广州、深圳、佛山等珠三角核心城市，与餐饮酒店合作，举办连州菜心上市发布会，邀请渠道经销商、企业采购负责人、社区社群团购商家等参加"喝特色早茶，品连州菜心"活动。早茶以连州菜心为主要食材，辅以腊味、肉、蛋等连州本地名特优新农产品，由酒店加工烹饪，每上一道菜都做重点解说。以一场别开生面的"连州菜心宴"推介"连州菜心"品牌。

早茶现场活动主要有两项内容：

①现场推介连州菜心，公布品牌产品标准。通过媒体宣传报道上市时间，对接采购经销资源，让更多中高端消费群体加深对连州菜心的认识。

②推出以连州菜心为主的连州菜谱，通过菜谱的形式展现连州特色农产品和连州文化，并推出连州各式菜品，让参会人员"沉浸式"感受连州菜心文化。

举办连州菜心上市发布品鉴会

连州菜心为食材的菜品

粤菜名厨现场展示连州菜心烹饪方式，媒体踊跃报道

大篷车展示连州民俗风情、菜心文化

连州菜心网上商城销售

(2)"连州菜心"推介进社区。组织带有LED广告屏的宣传车进入广州等消费市场，深入机关单位、大型企业、社区开展"连州菜心"品牌大篷车宣传活动，播放视频、图片，让消费者直观地了解连州菜心的地理风情、生产环境、生长过程、采摘场景和烹饪方式等内容。

通过品牌大篷车LED屏幕展示、宣传单页派发等方式，向消费者普及连州菜心选购知识，介绍连州菜心各式做法。现场开展有奖知识竞猜活动，让观众抢答与连州菜心相关的问题，回答正确的观众可获赠当天的"连州名特优新农产品大礼包"，内含菜心、腊味、肉、蛋、柑橘等产品，充分调动消费者积极性，加深对连州菜心的品牌印象。

(3)线上销售专区推广"连州菜心"。联合知名第三方电子商务平台，开设连州菜心推介专区。将连州菜心搬到线上，让消费者可以通过互联网购买和体验。

(4)聚焦高端消费群体，开发优质市场。面向粤港澳大湾区的大型知名企业、社区进行宣传推介，以预售、团购等方式，开展连州菜心产地直供销区活动：清晨采摘，上午精细化预处理、打包，中午专车从连州发货，傍晚到达广州，让消费者当天就能吃到最新鲜的连州菜心，得到比食用松茸更尊贵、更新鲜、更快捷的体验，充分感受连州菜心的美味，提升品牌的好感度。

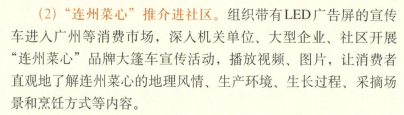

对接知名五星级餐饮酒店专供连州菜心

"连州菜心"宣传推介活动走进广东省农业农村厅

(5)高端餐饮专供。组织连州菜心生产示范基地与广州东方宾馆、中国大酒店、花园酒店等粤港澳大湾区一批知名五星级餐饮酒店对接，按照五星级酒店的食材选购标准供应最新鲜、优质、安全的连州菜心，推出连州菜谱，用最好的食材做出最美味的菜式，提升餐饮企业出品的菜品档次，合作共赢。

拓展一批五星级酒店为"连州菜心"特约体验餐厅

（6）**高端渠道专区销售**。组织连州菜心核心企业在一批高端商超渠道开设连州菜心销售专区，因为有五星级酒店的品质标准做背书，使连州菜心与其他菜心有了明显的档次区分，提升了连州菜心的品牌溢价。

连州菜心节活动现场

星级酒店的连州菜心

（7）**媒体宣传**。2019—2021年，新农财连续3年承办连州菜心节活动，开展"连州菜心"品牌营销推介工作，一系列品牌营销活动得到南方报业、《羊城晚报》和《广州日报》等一批媒体的宣传报道，提升了"连州菜心"的品牌知名度。

媒体报道"连州菜心"
品牌营销活动

（二）兴宁丝苗米

广东是全国最重要的水稻主产区之一，也是水稻优质化育种的引领者，目前全省水稻种植优质率超过70%。丝苗米是广东最具特色、最有优势的稻米品类，被誉为"米中之碧玉""饭中之佳品"，是岭南优质大米的代名词，也是广东农业的"土著商标"，其品种与配套技术非常丰富，属于广东农业生产与农业文化的重要"结晶"。

近年来，广东省坚持绿色发展，启动优质稻战略，实施丝苗米振兴工程，致力于把广东丝苗米品牌打造成"北有五常，南有丝苗"的国家级品牌。在农业供给侧结构性改革和乡村振兴战略背景下，2018年4月28日，由广东省农业农村厅组织发起成立"广东丝苗米产业联盟"。联盟旨在将科研、种业、米业等稻米产业链资源整合起来，重点做好优质品种培育、丝苗米相关标准制定和丝苗米品牌培育等工作。

广东丝苗米产业联盟成立大会

兴宁水稻田

兴宁是广东省和梅州市的粮食主产区，被国务院、农业农村部评为"全国粮食生产先进县"。2014年以来，兴宁市开展省级农作物良种良法示范基地建设，当地基层干部和农民对引进、试验、示范、推广农作物新品种、新技术及推进水稻全程机械化生产的积极性高涨，为发展粮食产业规模化、标准化、品牌化和市场化路径提供了良好的产业基础和群众基础。

目前，兴宁全市水田面积为33万亩，近年来水稻播种面积稳定在65万亩左右，水稻平均亩产440千克以上，高于全省平均水平。兴宁也涌现出一批优秀稻米企业和个人，几位种粮大户先后被评为全国种粮大户和广东省劳动模范。2019年，兴宁市丝苗米产业园成功获批省级现代农业产业园。

虽然具备大面积、高产量、高品质的硬实力，但是兴宁水稻产业还存在软实力严重不足的问题。在新农财团队服务之前，兴宁稻米产业尚未申报过区域公用品牌，几乎没有获得过有分量的品牌荣誉；在民间的名声不响亮，外地消费者很少有人知道兴宁生产优质大米的强劲实力；市场影响力不足，市场认可度不高，兴宁稻米也一直卖不出好价格，优质稻米售价一直低于同属梅州地区的蕉岭、五华等周边县市。

为此，新农财团队结合兴宁丝苗米发展现状，推动创建"兴宁丝苗米"区域公用品牌，从品牌定位、品牌规划、品牌产品标准、品牌营销等方面进行策划，培育品质优、口碑好、竞争力强的广东丝苗米区域公用品牌，提升"兴宁丝苗米"的品牌竞争力和品牌价值。

品牌定位

近年来，广东水稻产业品牌创建热情高涨，喊出了"北五常，南丝苗"的口号，同时有十几个县市在大力发展丝苗米产业。但在品牌创建和推广过程中，大多数县市主打地理位置、稻米品种或营养品质等，这种传统思路无助于创建差异化品牌。

兴宁地处传统客家地区梅州，客家传统文化源远流长，是中国客家围龙屋之乡，有大量历史文化元素可以运用。另外，作为广东省粮食主产区，兴宁市水稻播种面积稳定、单产水平高，单产位居梅州市首位、全省前列，是袁隆平院士科研团队的试验示范基地。基于此，新农财团队从兴宁客家围龙屋文化和兴宁丝苗米高水平的生产技术及品质出发，提炼了"兴宁丝苗米"的推广口号："稻香围龙，米好兴宁——兴宁丝苗米，好味稻！"在这句推广口号下，梳理了兴宁丝苗米的优势："兴宁地处粤东

兴宁丝苗米

精品包装丝苗米

北部，气候温和，光照充足，四季宜耕宜牧，土壤富硒，有着大米成长所需的优越条件。正宗的兴宁丝苗米采用优质水稻品种，米粒细长，粒粒精挑细选，粒粒透明晶莹，粒型长宽比大于3.5，长度保持在5.5～6.6毫米，比普通大米更细更长，口感更加香醇，相较于其他品种的丝苗米，软硬适中、米香独特，营养价值更甚，因此，兴宁丝苗米，是真正集颜值与品质于一身的好米。"

品牌发展规划

规划"兴宁丝苗米"品牌发展路径，分解为树立形象、定位市场、精选渠道、提升品牌等步骤，为后续具体工作提供指导。

（1）树立形象。此前，兴宁丝苗米缺乏具体的品牌形象，需要设计品牌logo、产品包装箱、宣传海报等一系列品牌视觉展示内容，树立具体形象，突出品牌存在感，让消费者更好地感受"兴宁丝苗米"品质、感知"兴宁丝苗米"品牌。

（2）定位市场。聚焦粤港澳大湾区市场，特别是在都市圈工作和生活的客家人，辐射其他追求优质、安全、新鲜农产品的消费群体，宣传推广客家大米，在高端市场形成消费热潮。

（3）精选渠道。以"兴宁丝苗米"区域公用品牌为重点，带动兴宁丝苗米产业核心企业开发机关单位、企业、中高端商超、高档社区集采等优质渠道，拓宽"兴宁丝苗米"销售市场。

（4）提升品牌。组织策划系列品牌宣传推介活动，开展兴宁丝苗米大篷车进机关单位、进社区，提升"兴宁丝苗米"品牌影响力，让更多消费者认识兴宁丝苗米，擦亮"兴宁丝苗米"品牌。

品牌形象提升

为兴宁丝苗米提供品牌形象提升服务，设计"兴宁丝苗米"品牌标识，完善品牌视觉体系，设计制作周边产品，形成立体丰富的品牌形象，打造成广东省内独具特色、生动形象的农产品区域公用品牌。

（1）"兴宁丝苗米"品牌标识。"兴宁丝苗米"品牌logo融合山、水、稻田元素，整体造型简洁直观，力图表达兴宁好山好水出好米的意境；品牌logo形象分为上中下三层，上部融入了山、水元素，象征着客家兴宁山好水好；中间宋体书写"兴宁丝苗米"和汉语拼音，醒目直观地表达品牌名称；下部简笔刻画稻田，代表兴宁丝苗米产自广阔富饶的稻田。这个品牌标识的设计理念简洁朴素：好山好水好稻田，好米出兴宁。

"兴宁丝苗米"品牌标识发布

运用新鲜出炉的商标，设计兴宁丝苗米VI体系，在产品包装箱、产品手册、海报、广告墙、视频等方面应用，提升兴宁丝苗米品牌形象。

（2）"兴宁丝苗米"品牌文创。联合高校、设计机构举办兴宁丝苗米文创比赛，设计、开发、制作一系列周边产品，周边产品可以在稻米节、农博会等活动场所展示推广，也可以让消费者选购。生动活泼的周边产品，凸显兴宁丝苗米文化，强化兴宁丝苗米品牌印记。

（3）客家（兴宁）米粄文化手册制作。关于稻米文化的书籍很少，涉及客家稻米文化的相关书籍更是一片空白。组织印制一本以客家（兴宁）稻米文化、客家（兴宁）米粄文化为主题的图册，包括兴宁稻米种植历史、兴宁米粄文化等内容，成为首个有稻米文化书籍的区域公用品牌，彰显兴宁丝苗米先进的产业水平和悠久的稻米历史。

丝苗米系列文创产品

品牌产品标准制定

品牌产品的说服力在于有可执行的标准，为此，新农财组织相关专家调研考察产业实际情况，制定"兴宁丝苗米"品牌产品标准，包含品种标准、品质标准和生产标准等。

①按照丝苗米品种、质量安全、分级规范、生长环境、管理环节、加工过程、储运操作、销售方式、商标规范等九方面进行梳理，参考现有的国际标准、国家标准和行业标准，总结制定出符合兴宁特色的丝苗米品牌产品标准。

②根据兴宁特有的地理环境、气候水文、产业基础、种植水

平等现实条件，推介适合兴宁地区种植的品种，引导并推荐当地农户种植。

③品质标准是根据糙米率、精米率、透明度、垩白大小、粒长等参数进行严格分级，源于市场又高于市场，充分体现兴宁丝苗米优质安全、精益求精的"种植匠"精神。

④生产标准是按生长环境、管理环节、加工过程、储运操作等方面进行细化，适合兴宁地理环境特征和产业发展实际，科学高效，便于农民操作，为推进水稻标准化、规模化生产，打造"兴宁丝苗米"品牌提供有力保障。

推动兴宁丝苗米核心企业带头实施产品标准，从产地环境到生产管理，从收割到储运销售，严格按照"兴宁丝苗米"品牌产品标准供应粤港澳大湾区市场，形成食用优质兴宁丝苗米的消费潮流，擦亮"兴宁丝苗米"区域公用品牌，做强"兴宁丝苗米"企业品牌。

市场营销体系构建

在做好"兴宁丝苗米"品牌规划的基础上，组织策划一系列市场推广活动，邀请机关单位、企业集中采购兴宁丝苗米，开发商超、农产品社区店等优质渠道售卖兴宁丝苗米，搭建兴宁丝苗米网络销售推介专区，拓展兴宁丝苗米销售渠道，构建兴宁丝苗米市场营销体系。

（1）"兴宁丝苗米"品牌亮相。在省级展会平台推介"兴宁丝苗米"品牌，举办"兴宁丝苗米"品牌发布会。2019年11月30日，"兴宁丝苗米"区域公用品牌发布会暨2019晚造新米上市发售会在第十届广东现代农业博览会这一盛大的舞台隆重举行。什么样的米才是好米，什么样的丝苗米才有好味道，兴宁丝苗米带给了消费者一个与众不同的"答案"。

来自广东省农业农村厅、华南农业大学、广东省农业科学院、梅州市农业农村局等单位代表和专家学者、媒体记者以及丝苗米核心生产企业、渠道商、兴宁乡贤等300余人参加了此次活动。现场首发了"兴宁丝苗米"品牌口号"稻香围龙，米好兴宁"，并推出了区域印记鲜明的全新品牌徽标形象，将客家文化元素融入大米品牌，增强品牌识别度与亲和力。此外，极具客家特色、新鲜出炉冒着热气的客家米粄、艾粄等兴宁美食让现场嘉宾感受到了别样的味道。

"兴宁丝苗米"区域公用品牌发布会

本次品牌推介活动让兴宁丝苗米产业的核心企业做主角，并邀请了众多优质渠道商、企业采购负责人以及在外经商的兴宁乡贤等嘉宾参加，对于热心而优秀的乡贤，兴宁市农业农村局专门发出了一份特别的"聘书"——聘请杰出乡贤作为"兴宁丝苗米推广大使"，借助乡贤这一宝贵的资源宣传推广兴宁丝苗米。

"兴宁丝苗米"新米发售会　　　　聘请杰出乡贤宣传推广"兴宁丝苗米"

"兴宁丝苗米"品牌推介现场活动结束后，还举行了"兴宁丝苗米"晚造新米尝鲜宴，让嘉宾充分体验兴宁丝苗米的美好滋味。尝鲜宴的食材以兴宁名特优新农产品为主，如丝苗米、肉鸽、蛋、茶叶等，由兴宁企业供应，酒店加工烹饪，每上一道菜都进行介绍，以一场别开生面的方式推介兴宁丝苗米。

举办"兴宁丝苗米"上市品鉴会

现场活动主要有两项内容：

①现场推介兴宁丝苗米，公布产品品质标准，公布上市时间，对接采购商。

②现场介绍兴宁特色农产品和各色菜式，从美食和农耕文化角度介绍兴宁文化，提升兴宁丝苗米等产品的品位。

（2）"兴宁丝苗米"大篷车进社区。组织带有LED广告屏的宣传车进入各消费市场，深入机关、大型企业、社区等开展兴宁丝苗米大篷车宣传活动，播放视频、图片，让消费者直观地了解兴宁丝苗米的历史文化、生产环境、生长过程和烹饪方式等。

视频讲述全国种粮大户、全省劳动模范的匠人故事

通过现场大篷车LED屏幕展示、宣传单页派发等方式，向消费者科普丝苗米选购知识，介绍兴宁丝苗米的各种美食做法。现场开展有奖知识竞猜活动，让消费者抢答与兴宁丝苗米相关的问题，回答正确可获赠"兴宁名特优新农产品大礼包"，内含丝苗米、肉鸽、茶油、茶叶等兴宁特色产品，充分调动消费者的积极性，提升"兴宁丝苗米"品牌形象。

视频展示客家米粄做法

（3）开设"兴宁丝苗米"专区营销推广。联合资源丰富、受众较多的第三方电子商务平台，开设兴宁丝苗米线上推介专区，将兴宁丝苗米搬到线上，让更多消费者可以通过互联网购买和品尝兴宁丝苗米。

（4）团购尝鲜，"兴宁丝苗米"直供终端。在兴宁丝苗米即将上市前，面向粤港澳大湾区中高端市场宣传推介"兴宁丝苗米"，组织企业、机关团体预订及团购兴宁丝苗米，打响上市第一波营销战。

兴宁丝苗米直供珠三角社区

为了做好第一波口碑营销，兴宁丝苗米核心企业严格品控把关，稻谷放在恒温仓库储存，发货前碾出新鲜大米并进行包装，由专车从兴宁发货到达消费地，让消费者吃到最新鲜的兴宁丝苗米，充分感到兴宁丝苗米的美味。

（5）高端餐饮专供。与粤港澳大湾区中高端餐饮企业、机关食堂等优质渠道对接，为其供应最新鲜的兴宁丝苗米，推出兴宁菜谱，用最好的食材做出最美味的菜式，提升餐饮企业的菜品档次，合作共赢。

用兴宁丝苗米做成的广东特色煲仔饭

（6）商超社区专区营销。协助兴宁丝苗米核心企业在高档商

超、社区及星级酒店开设兴宁丝苗米专柜，展示兴宁丝苗米高端形象，提升品牌品味。

（7）**媒体宣传**。"兴宁丝苗米"的一系列品牌营销活动，得到南方报业、广东广播电视台、梅州广播电视台等一批媒体的宣传报道，提升了"兴宁丝苗米"的品牌知名度。

媒体报道"兴宁丝苗米"品牌推介活动

（三）连州水晶梨

连州水晶梨是广东北部山区连州市的特色水果。连州水晶梨从1987年开始引进和进行小规模推广种植，1993年再从国内外引进多个优质沙梨系品种接穗，通过试验选育出了早结丰产、抗病力强、果肉洁白、口感清甜多汁、果肉自然放置24小时不变色的多个梨树优良品种，这些优良品种统称连州水晶梨。

连州水晶梨

连州水晶梨经过多年的产业发展，种植面积、产量、品质不断提升。在连州市政府以及农业部门的努力下，连州水晶梨先后获评国家农产品地理标志保护产品、中国及广东省名特优新农产品等荣誉。目前，连州市水晶梨种植面积约6万亩，年产量达8万吨，是广东省最大的水晶梨生产基地、国家级水晶梨标准化示范县（市），其核心示范区获得农业农村部A级绿色食品认证，可以说连州是名副其实的中国水晶梨之乡。

连州水晶梨上市正值岭南盛夏。脆甜多汁的口感，使得连州水晶梨拥有"夏日清凉果""消暑神器"等美誉。这些通俗易懂的称誉也成为连州水晶梨最好的传播标语。

连州市在每年7月上旬水晶梨上市期间都会举办以"连州水晶梨节"为主题的系列推广活动。连州水晶梨节以节庆＋旅游的推介模式，结合连州独特的山水风光，使"连州水晶梨"的品牌知名度节节攀升。但总体而言，连州水晶梨在粤港澳大湾区等城市的品牌辨识度还不够高，无法形成强有力的指名购买力，"连州水晶梨"的品牌影响力尚需进一步提升。

从2019年以来，新农财开始承接"连州水晶梨"的品牌推介工作，连续策划了亮点鲜明、传播力强的一系列推广活动，在提升"连州水晶梨"品牌辨识度、拓展市场渠道等方面取得了较好的效果。

品牌形象提升

为连州水晶梨提供品牌形象提升服务，设计"连州水晶梨"品牌标识，完善品牌视觉体系，设计制作周边产品，形成立体丰富的品牌形象。

（1）"连州水晶梨"品牌logo。连州水晶梨面世多年，却一直没有辨识度较高的品牌logo。2019年连州水晶梨上市推介活动，亮点之一便是推出"连州水晶梨"品牌logo。logo以连州水晶梨外形为主体，融入连州水晶梨原产地潭岭天湖、巾峰山和连州标志性建筑慧光塔，形成独特的"连州水晶梨"品牌标识。

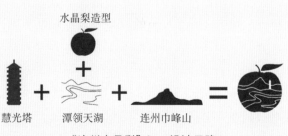

"连州水晶梨"logo设计思路

（2）"连州水晶梨"品牌VI体系。运用新的品牌logo，设计"连州水晶梨"VI体系，在产品包装箱、宣传手册、视频等方面应用，提升品牌形象。

"连州水晶梨"品牌VI体系应用

品牌传播

创新推介模式，沉淀品牌印记

连州水晶梨文化节于2014年首次举办。在连州市政府的支持下，节庆内容不断丰富，近年来更是将水晶梨采摘展销与连州特色的旅游资源结合起来，将连州水晶梨采摘旅游文化节办成区域性节会品牌和展洽交易平台，"连州水晶梨"品牌影响力逐年增强，成为带动连州乡村旅游和特色农业发展的重要名片。通过以文化节为主题的连州水晶梨产销对接会暨水晶梨采摘季乡村游推介活动，采用产业＋旅游等模式，让连州水晶梨文化节形成品牌印记。

2019年，由连州市水果技术推广总站主办，新农财承办的以"岭南梨乡美丽连州　消费扶贫共奔小康"为主题的2019连州水晶梨节发布会在广州举行。本次发布会推出了全新的"连州水晶梨"品牌logo，系统介绍了logo的设计理念和应用场景；现场还推介了连州特色农产品，来自全国各地的60多位采购商与连州水晶梨生产企业、基地进行了产销对接。

2020年，新农财团队再次创新推介方式及体验场景，将连州水晶梨"搬上"珠江游轮。以"珠江游情牵连州　水晶梨清凉一夏"为主题的2020年连州水晶梨采摘季发布会在美丽的珠江游轮

连州水晶梨 logo 揭幕　　　　　　连州特色农产品展示推介

2020 年连州水晶梨采摘季发布会

上成功举行。"解暑神器"连州水晶梨与美丽的珠江夜景甜蜜相约，广州炎热的夏夜也因连州水晶梨而变得凉爽舒适。

这是广东农产品品牌推介活动首次在游轮上结合珠江夜游的形式举办，开创了广东农产品品牌推介的新场景、新体验。

此次发布会，新农财团队以 VR（虚拟现实）全景展示的形式，推介了由连州市水晶梨行业协会公开评选出的六大"最美连州水晶梨生态果园"，将梨园的优美生态与各项营销功能相结合，有效地降低了销售成本，提升了消费者购买体验感。现场观众在珠江夜游船上通过 LED 大屏幕及手机联网实时"游览"

连州水晶梨生态果园推介

果园生态全景，还可以点击有关功能按钮深入了解各个水晶梨果园的品种、产量等信息，通过购买链接就可以在VR上购买以及进行采购对接。

活动现场，来自全国各地的60多位采购商与连州水晶梨生产企业以及连州鹰嘴桃、西瓜等特色瓜果生产企业进行产销对接。

有创新、有内容的品牌营销推介活动，得到南方报业、广东广播电视台等省级主流媒体的宣传报道，进一步擦亮了连州水晶梨品牌。

媒体报道"连州水晶梨"品牌推介活动

助力终端体验，拓宽销售渠道

为提高连州水晶梨在终端市场中的认知，新农财联合社区电商、知名连锁商超等渠道，连续组织连州水晶梨企业走进机关食堂和社区，通过线上线下相结合的品评展销活动，拓展了连州水晶梨的消费渠道，提高了品牌认知度。

连州水晶梨品鉴活动走进广东省农业农村厅食堂

近两年，受新冠肺炎疫情影响，新农财联合广东广播电视台经济科教频道经选商城等平台，举办线上品评产销对接会，以线上展示、直播品评等形式，向全国各地的生鲜采购商推介连州水晶梨，开展产销对接。同时，组织连州水晶梨核心企业入驻中国邮政极速鲜、苏宁易购、中国银联云闪付等知名渠道、电商平台进行销售。

在助推连州水晶梨销售方面，积极组织连州水晶梨企业走进珠三角知名连锁生鲜超市，直接面向终端进行销售。在广州天河、黄埔、番禺、越秀等区，推动连州水晶梨与邮政生鲜、番薯藤、果瓣等知名生鲜零售门店对接，开展连州水晶梨品评与销售活动。

连州水晶梨入驻电商平台

邮享微生活员村店

番薯藤汇景新城店

港湾社区店

果瓣番禺石基店

第四章

知识型农资电商的品牌化实践

——首次揭秘一家新型电商如何用知识驱动交易，重构农资业务逻辑

新农财是带着使命诞生的，这个使命就是它在各种资料和场合所表达的"让品牌农业成本更省"。品牌农业在农产品端比较容易理解，就是创立一系列的产品品牌或区域公用品牌，使一定数量的农产品能使用这个品牌走向市场，获得合理的品牌溢价。但在生产端，如何去落地呢？新农财提炼出一条落地思路：聚焦特色经济作物主产区，从农产品品牌切入，反向整合产业链。

如图所示，打造农产品品牌是从单个基地的故事中提炼出特定的情感和功能，形成品牌定位和内涵，再制定品牌产品标准，然后向农产品基地推广这个标准，让基地按照这个标准生产和供应农产品。

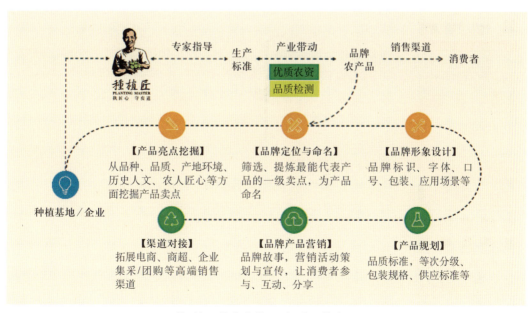

品牌引领·培育种植匠·打造品牌产业链

农财购小程序商城

农财购微信小商店

假定农产品基地能够接受这样的品牌标准，那么基地要如何操作才能使自己供应的农产品达到这个标准呢？这就是新农财所属农财购平台肩负的使命，它提供的是农资产品＋知识技术的综合功能，而且主要是通过网络平台实现这些功能。正如农财购的标语所言：省钱，省心，就购了。

在农资电商领域，有所谓的平台型电商、（厂家）直卖型电商、特卖型电商等，这些电商平台都是以销售农资产品为中心，产品SKU（库存保有单位）横跨不同作物品类，以价格竞争为主要竞争手段，不以提供知识技术服务为必备条件。换言之，互联网对于大多农资电商平台的运营者来说，仅是一种新的销售渠道，就跟生活用品厂商在电商平台上卖牙膏、纸巾没什么两样。但是，农资电商的性质相当于人用药的药品电商，消费者除了通过平台能买到药品外，还需要服药指导，更何况农资的使用往往比人用药复杂得多。难以想象，农资电商平台离开专业的知识技术服务，会给用户带来何种不可测的后果。

农财购互联网平台与上述类型的电商平台都不一样，它的定位更接近于知识型电商，输出作物营养、植保和栽培管理等方面的相关技术知识，并推荐农资产品＋使用方法的解决方案。具体来说，农财购互联网平台包括两部分，一是农财购服务号，用户可以在微信上关注；二是农财购小程序商城和微信小商店，用户可以在微信上收藏或添加到桌面。前者提供作物的有关知识技术，目前主要是柑橘类农作物的营养、植保和栽培管理等知识技术；后者上架了许多农资产品，主要是解决柑橘类作物生产问题的各种产品套餐，在前者的内容页面上嵌入链接，用户点击链接即可跳转到后者。

有关作物的生产技术知识与农资产品是不可分割的一个整体，基地在生产管理过程中使用农资产品时，可以按照网络信息的指引进行操作，确保最终产出的农产品尽可能符合品牌产品供应的标准，从而提高农产品的商品性和附加值。

综上所述，农财购互联网平台既不同于主打产品为单品形式，以价格竞争为主要竞争力的平台型农资电商；也不同于传播知识是为了销售农资产品，而不关心农户最终的收入来源——农产品品质和效益的垂直型电商；它是从整合产业链的角度出发，以提升基地主人种植管理作物的技能和产出更多符合品牌标准的农产品为目的的知识型（技术型）电商。

一、农财购平台的定位

农财购平台的成长是一个不断探索和试错的过程，但这不等于新农财团队做事没有规划，相反，在符合规划方向的前提下，新农财根据实施效果的反馈不断微调和优化各项工作。大致规划包括内容、用户和产品定位三个方面。

（1）内容定位。农财购服务号注册于2016年9月23日。彼时，新农财已经成立10个月，打造了皇帝柑品牌"山瑶脆柑"，沙糖橘品牌"成绩好桔"和柚子品牌"驮娘柚"，在柑橘类作物领域初步验证了一套自创的农业品牌培育方法论。我国柑橘类作物种植面积超过4 000万亩，年产量突破4 000万吨，主要分布在广东、广西、福建、四川、重庆、浙江、湖南、湖北、江西、云南、贵州等省份。2010年以来，柑橘种植出现了规模化和资本化的趋势，对行情、管理、技术等信息内容有日益增长的需求。基于新农财团队对产业的理解，反向整合产业链的农财购内容平台应运而生。

农财购的内容定位，是聚焦柑（贡柑、沃柑、茂谷柑、爱媛38杂柑）、橘（沙糖橘）、橙（脐橙、冰糖橙）、柚（蜜柚、沙田柚）这些柑橘类果树，以果树的一个完整生长周期为横轴，以生长周期

农财购聚焦柑橘生长周期关键问题并提供技术解决方案

中遇到的营养、植保和果树管理等问题为纵轴,纵横交会处即为果树所存在问题的知识技术答案和由农资产品构成的操作方案。除种苗问题外,柑橘类果树存在的问题和解决方案都位于第一象限。

(2) 用户定位。明确了内容定位,接下来就是确定谁是农财购的用户。首先,农财购作为互联网平台,这个"门槛"就过滤掉了非智能手机用户的柑橘种植者,这部分种植者要么是年纪较大,要么是文化水平较低。其次,种植面积过小或过大,也可能不是农财购的用户,面积过小则基本没有将农产品商品化的需求,也不会有通过互联网平台学习有关知识技术和生产符合品牌化要求农产品的动力;面积过大则基本属于重资本投入的投资者,会配备齐全的果树栽培、营养、植保等专业的管理团队,有一套他们认为适合自身的知识技术体系,更为关键的是特大基地购买产品时不会支付现金。再次,以柑橘种植为副业的种植者,即使他的种植面积不小,也难以成为农财购的用户,原因同样是因为没有学习新知识和技术的动力。

根据这几年的实践经验,农财购的主流用户画像是:年龄30 ~ 60岁,学历在高中以上,种植面积30 ~ 150亩,也就是基地主人自家经营并以此为家庭主要收入来源的种植户。这样的种植户,在生活压力或动力方面,一旦种不好或卖不好就会影响家庭经济收入;在学习能力方面,有学习新知识的产业背景和基本素质;在支付能力方面,有支付现金购物的习惯或没有集中管理现金流的现实压力。

农财购用户的区域、年龄分布特征

地域	用户数（个）	占比（%）	年龄	用户数（个）	占比（%）
广西	18 288	46.71	36 ~ 45 岁	14 948	36.95
广东	9 832	25.11	46 ~ 60 岁	14 156	34.99
四川	2 064	5.27	26 ~ 35 岁	9 528	23.55
江西	1 668	4.26	18 ~ 25 岁	872	2.16
云南	1 584	4.05	60 岁以上	708	1.75
湖南	1 304	3.33	未知	248	0.61
福建	888	2.27			

（3）**产品定位**。30～150亩的柑橘种植户，在农资产品使用方面，有尝试新鲜事物的欲求。从提供解决问题的完整方案出发，农财购平台所销售的农资产品以套餐为主，例如控梢套餐、一保（果）套餐、二保（果）套餐、杀菌套餐、杀虫套餐、杀螨套餐、膨果套餐、壮果套餐等，用于整个生命周期的各类套餐不下80种。产品套餐是根据果树存在的实际问题及需求来搭配的，果树在它的每个生长阶段既存在主要问题，又存在次要问题，比如营养控梢美果防裂套餐，就是考虑到每年的6～7月，既要通过营养为沙糖橘控梢，又要防止沙糖橘的幼果开裂，还要发挥美果的功能。从基地管理者的角度出发，产品套餐既可以一次性解决果树生长特定阶段所存在的问题，又可以帮助基地节省人工，使基地管理的总成本更低，从而能起到省钱、省心的作用。对农财购平台的运营方来说，由于农资生产企业一般不希望自家的单品放到互联网上去销售，以免冲击它的线下渠道，在农资电商刚起步的前几年更是如此，因此农财购采取将几种单品组合为功能性套餐的形式，一方面不会违反农资生产企业的规定，另一方面产品套餐更符合果树自身的综合需求，又能节省基地人力成本，可谓一举多得。

农财购平台的产品套餐

二、农财购平台的线上运营

农财购平台的运营，是指以内容输出为基础，以增加有效用户为关键，以跟用户成交为阶段性目标的一个用知识驱动交易的全过程。

（1）**持续输出内容**。农财购平台的内容输出是一个多层次结构，以微信生态圈为例，底层是每周一次的农财购微信服务号推送，一次发布5～6条信息，视频号（包括抖音、西瓜视频等视频平台）的视频更新，每周3～4条，以及视频号的直播，每周1次；中间层是在相关微信群和运营者朋友圈的分享，信息数量一天1～7条；顶层则是运营者根据后台记录的用户行为数据库，点对点地推介使用方案，每天向单人推送方案至多1条，如果用户目前没有这方面的需求绝不打扰，更不会给用户群发无关的消息。可以看出，从下到上，触达的用户数量逐渐减少，但推送的精准性依次提高，推送的频率可以根据用户需要进行调节。

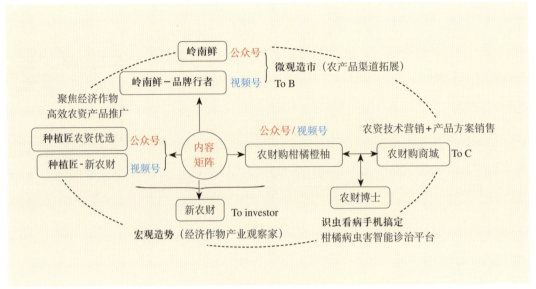

新农财种植产业链内容体系

　　如上文所述，农财购输出的内容都是关于当下柑橘类果树需要注意的问题及解决方案，相对于微信服务号的每周一次定期推送，微信群、朋友圈分享和点对点推介在时间上更具弹性，因此，在内容输出方面更为灵活，除了推送以完整文章形式呈现的内容，还可以不定期为用户提供一些预防措施或补救方案，以及一对一地回答用户的咨询。除了微信平台，农财购还入驻了今日头条、抖音小视频等内容平台，将同样的内容编辑成适合的形式在不同的平台发布推广。

　　（2）**积累有效用户**。相对于用户数量，农财购平台更为关心的是用户质量，也就是用户的精准性和活跃度，只有同时满足这两个维度的要求，才算是有效用户。农财购从来不搞优惠拉新的营销，也不做抽奖吸粉的活动，只是通过持续不断地输出内容，加上口碑扩散，扎扎实实地积累用户。尽管用户增长速度比较缓慢，但是"每一个，都算数"。直到现在，农财购的用户数量尚不足6位数，但其中与平台发生交易的用户比例达到了40％，这个数据可谓相当优秀。农财购平台对待用户的准则是：①永远不要打扰用户，②只用知识、技术和效果讨好用户，③对1万个用户不会干的事情，那么对1个用户也不要干，反之也成立。如何提升用户的精准性呢？除了坚持农财购平台服务柑橘种植户的定位，只发布柑橘类相关知识和方案的内容外，还与某些同类型的平台合作，授权对方发布农财购的原创内容，以及参加一些线下的柑橘行业活动，以专家身份发表演讲，这些举措都有利于提升新增用户的精准性。在提升活跃度方面，一是每期农财购服务号都会安排一条稿件用于精选用户的提问并进行回复，这种形式方便用户收藏并随时查阅；二是在文章评论区、朋友圈、微信群、直播间、点对点信息或电话等任何能了解到用户问题的地方，都及时回复；三是在某几个全民消费节日推出优惠购物活动，但不会限定享受优惠的用户群体，对新老用户一视同仁。

另外，新农财还与华南农业大学技术团队共同开发了一款应用于手机端的柑橘病虫害智能诊治平台——农财博士（小程序）。用户利用农财博士，通过手机拍照上传相关症状图片即可识别柑橘的植保与营养症状，同时获取对症的农资＋技术解决方案，并能在农财购平台购买相应的产品。这款智慧农业数据化产品真正打通了产业数据与生产管理的连接，将大大提高用户的种植管理效率，降低生产经营成本。"农财博士"的应用推广也为农财购积累更多精准用户提供技术支撑。

农财博士平台首页

（3）**以跟用户成交为新起点**。对以To C（面向消费者）为业务模式的农财购平台来说，只要做好了第一步和第二步，与用户成交就是水到渠成的结果。事实也是如此，2017年是农财购农资电商的第一个完整年度，从2017年起，之后每年的增长率都保持在50％以上。农财购不是一个以产品价格为主要竞争力的平台，实事求是地说，与其他平台比较，农财购所供应的产品单价并不是全网最低，而且属于现金交易，为何每年的销量还能快速增长？新农财认为，种植户也是理性的经济人，在事关家庭主要经济活动上做出的决策必然有一定的逻辑合理性。原因并不复杂，就是农财购真正理解了家庭经营的真谛，那就是种植过程中绝大部分的人力劳动由本家庭成员承担，一旦要外请工人帮忙，所增加的不仅是种植成本，还有施肥、打药等各种农事操作中的非标准化程度，后者甚至会影响农产品的最终收益。

因此，凡是能帮助种植户节省人工的产品或产品套餐，从算总账的角度而言就是在帮种植户赚钱，也是践行农财购"省钱，省心"的承诺。对农财购而言，跟用户成交只是一个新的起点，农财购的知识、技术和信息服务贯穿用户从种到卖的全过程，比如在农产品上市季节，农财购会及时推送市场行情信息和采购商名单，甚至会收购部分符合品牌标准的产品。

三、农财购平台的线下运营

农财购平台的线下运营，主要是确保线上运营所取得的订单能及时准确地交付到用户手中，并且在满足用户需求与保持合理库存之间取得平衡。

农财购线下运营链

（1）**合法资质**。从事农资电商，如果涉及农药，首先要取得农药经营许可证，而要取得农药经营许可证，必须配齐政府认可的专业从业人员、一定面积的仓库、农资进销存管理软件和一整套相关的农药管理制度等。做农资电商，如果不销售农药类产品是不可想象的。农药相比大包装规格的化肥，每单位重量的价值更高，换言之，农药每单位重量的快递费用占货值的百分比更低，即使是单件金额不大的农药订单，电商平台在扣除快递费用后仍有合理的利润，但同样金额的肥料订单，电商平台是无法用快递方式交付的，只能采取物流拼单的方式。农药和特肥类产品起效快，更注重效果与口碑，解决生产问题的目标感强。从内容传播角度讲，也更有宣传亮点，容易引起用户关注。

为何将农财购定义为知识型电商？一是农财购运营者在学历和专业方面符合政府设定的准入条件，都是全日制大学本科以上农学相关专业毕业生；二是运营团队在柑橘类作物的栽培、营养、植保等领域达到行业专家水平，尤其在田间实战方面能力更加突出；三是运营团队还具有丰富的农业媒体从业经验，团队具有电商运营所要求的策划、设计、写作、拍摄、剪辑、推广、财务、商务谈判等全面的知识、技术和能力。只有一个各方面人才配置齐全的知识型工作团队，才可能源源不断地对外输出知识，并以此为基础，构建起完整、可持续运营的业务体系。

(2) 合理SKU。农财购平台是面向柑橘类果树的营养、植保等综合方案提供商，并且是零售电商，以此分析，它的SKU不可能很少，否则无法将解决果树问题所需的产品及时送到用户手上。平台刚起步时，确实没有足够的农资产品上架，原因上文已有提及，主要是农资供应企业担心电商会冲击线下市场，即所谓的"网上串货"。因此，刚开始时农财购只能找一些小企业合作，或销售一些知名企业的二线品牌，当然，他们提供的产品必须是正规的。他们抱着试试看的心态与农财购合作，一来他们的产品在线下市场本来没有多少销量，不用害怕冲击；二来借助电商平台可以扩大他们所在企业或产品的知名度，综合考量还是利大于弊。随着业务的发展，目前农财购电商的SKU已经超过120个。但是，SKU如果太多，就会带来库存积压的问题，降低资金周转效率，甚至变成过期货，造成亏损，因此在满足用户需求和保持合理库存之间必须取得平衡。农财购对此采取的办法，是控制SKU的总数，尽可能利用产品之间的组合形成套餐去解决果树存在的问题，如此一来，农财购面向用户的产品套餐总数就远远大于从供应商处采购的产品品种总数。此外还有一个办法，就是采取分布式仓储，将某个柑橘产区大量使用的产品预先存放到该产区仓库，减轻总部仓库的压力。

（3）**分布式仓储**。上文是从减少总仓SKU的角度谈到产区仓储的作用。其实，在产区建设分布式仓储，还有另外一个作用，甚至是更为重要的作用，就是快速完成订单交付，并降低物流成本。从2019年起，随着业务量的猛增，新农财根据农财购后台显示的用户分布区域数据，并结合过往订单的数据库资料，选择在大量用户所在区域的地理中心位置发展合作方，将其农资仓库作为农财购的分仓，距该仓库100千米之内的农财购订单全部交由其发货。由于货物要先入仓，为了让合作方尽到保管货物的责任，新农财会将其发展成农财购的分销商，在法律和经济关系上把货物转移到合作方的名下。这种合作模式非常清晰，用户在农财购平台下单，农财购将订单信息转给合作方由其负责发货，待用户收到货物后，农财购平台再与合作方结算。这种合作是双赢甚至是多赢的，对用户来说，更快地拿到了所需要的农资产品，不会耽误农时；对合作方来说，多了一种传统销售之外的收入来源，并能接触和学习现代新型商业的一些运作理念及技巧；对农财购平台来说，减轻了总部的仓储压力，提升了用户的购物体验。目前为止，农财购已经在广西来宾和广东梅州建设了3个分布式仓储，负责将产品配送给广西的沙糖橘、沃柑种植户和广东、福建、江西的蜜柚、沙田柚及脐橙等种植户。

四、农财购的未来

农财购的人才、内容、产品、仓储、物流等运营体系已经成型，目前为止运转过程尚属顺畅，但也面临一些问题。最主要的问题就是农财购平台的产品品牌力还不够强大，以及在线下配送某种产品时可能会突破生产企业设置的销售许可区域范围。如果不发展分销商在产区建设分布式仓储，产品品牌力只是一个无足轻重的因素，因为在直接面向终端用户时，农财购平台本身就是一个强大的知识型专家品牌，在平台的背书下，用户无须担心本来就与品牌力无对应关系的产品（套餐）效果问题。但在发展分销商时，逻辑就变得不一样了。分销商一般是农资零售商，如果要让他们从生产企业或上级流通商处进货再对外销售，则产品品牌力及产品区域专卖权是他们首要考虑的问题。独家代理强势品牌产品，或者定制属于农财购平台的自有品牌产品，是破解上述问题的方法。

（1）**定制或独家代理产品**。无论是独家代理强势品牌还是定制自有品牌产品，出发点都是一样的，就是能授予线下分销商某种产品的区域专卖权，只是前者比后者在发展线下分销商的起步阶段相对容易打开局面。事实上，在农财购平台起步的2016年，新农财就定制了"种植匠"品牌的海藻营养液肥，远远早于农财购平台发展第一个线下分布式仓储合作方的2019年。当时，定制"种植匠·海藻营养液"的目的，是想从产业链的角度推进品牌农业，因为施用海藻营养液肥可以明显改善农产品品质，使农产品更加符合品牌化的标准。2017年，新农财定制了"森茸生物有机肥"，2018年又定制了"成绩好"系列微量元素肥，这三种肥料如果施用得法，都可以显著改善农产品品质，特别是提升农产品的鲜食风味。这种探索，无意中为2019年发展线下分销商合作分布式仓储做好了铺垫。意向合作方了解到农财购平台拥有好几个自有品牌产品，在网上已有一定的销量基数，其中"种植匠·海藻营养液"更是所有上架农财购平台的产品中销售额最大的单品，而且购买者都是柑橘主产区的种植户，因此，他们很快同意成为农财购的线下分销商。有了这些基础，某些强势进口品牌也选择跟农财购平台合作，甚至将农财购平台作为某种产品的中国区总代理。这既是对农财购实力的肯定，更是对农财购遵守行业规则的认可。

从创立之初起，农财购所做的每一件事都没有突破规则，尽管有些规则明显过时且不合理，但选择了跟对方合作就必须遵守对方与己方共同约定的规则。事实证明，大势不可逆，不合理的规则终将改变，农财购因为树立了遵守规则的良好形象，在电商大潮来临时反而会迎来更多与农资生产企业合作的机会。未来农财购也有可能与一些经济作物主产区的优势经销商深度合作，经销商协助农财购平台将知识服务能力进一步落地，农财购则通过提供相应的知识服务方案，支持区域经销商降低推广成本，通过合作共赢，建立一个更大影响力的线上＋线下农技服务推广体系，并以此争取到更有竞争力的品牌农资产品资源，形成以知识带动销售转变为以知识和产品品牌共同带动销售"两翼齐飞"的局面。

（2）**产业扩围与区域扩张**。柑橘产业值得长期耕耘，但农财购平台的成长也需要更大空间，下一个深度服务的产业将是荔枝龙眼产业。我国荔枝种植总面积超过800万亩，主要分布在广东、广西、海南、四川、云南和福建等地。根据上市时间的不同，主要分为海南特早熟和特色荔枝产区、粤西早中熟荔枝优势区、粤中、桂东南、闽南晚熟荔枝优势区和四川、闽中特晚熟荔枝优势区等。中国龙眼种植面积接近500万亩，主要分布在广东、广西和福建等地区，海南、四川、云南和贵州也有小面积的栽培。新农财选品有个标准，就是用全球视角，遴选中国最有比较优势且种植面积超过百万亩规模的经济作物，柑橘、荔枝和龙眼均符合这个标准，这些产业一方面存量巨大，另一方面又空间无限。与打造柑橘类品牌类似，农财购平台所在的新农财于2017年开始培育荔枝品牌"啵啵脆"，近几年品牌影响力逐渐扩大，2019年新农财还成为广东荔枝产业联盟的副理事长单位。几年前，新农财就在公司所属的微信公众号种植匠和新农财上发布荔枝、龙眼方面的有关知识，推荐荔枝、龙眼方面的营养、植保等技术方案，逐步积累种植者用户。只要各方面的条件基本成熟，农财购平台的整体运营体系就将纳入荔枝和龙眼产业。此外，针对深耕的柑橘产业，农财购平台的分布式仓储下步将在云南、江西、福建等省份的柑橘主产区落地，以便让当地的用户享受到更高质量的服务。

（3）**农机销售服务与用户联合体**。上文谈到，针对以家庭经营为主的种植户，农财购平台提供的是产品+知识的综合方案，可以让用户的种植管理全程总成本更低。在所谓人口红利已经消失、人工成本越来越高，且务农人员平均年龄居高不下的现在以及未来，如何才能将用户的总成本控制在合理范围？一个必然的趋势是引入农业机械服务。在水稻、小麦、玉米等主粮产业领域，农机服务已经非常普遍，有力地控制了种植户总成本的增长。但在柑橘、荔枝、龙眼等水果领域，农机在施肥、打药、采果等环节仍很少使用，原因不外乎两个痛点：一是市场上缺乏适用的机械，二是即使能找到适用的机械，对单个种植户来说购买成本太高，如果只供自家使用，总成本与外请人工相比不具优势。第二个痛点恰恰是农财购平台的机会，以柑橘产业为例，农财购在每个主产区都有忠实用户，农财购可以联合农机生产企业或该企业在主产区的经销商，构建以忠实用户为核心的联合体，由忠实用户购买农机并对联合体成员开展农机服务，农机操作方法由农机企业或其经销商指导，营养、植保产品及方案由农财购平台提供。在条件满足的情况下，该忠实用户与农财购在当地的分销商可以合二为一，倘若条件不具备，比如该忠实用户不愿意经营农资，或者分销商的技术水平或能力得不到其他种植户认可，也可以分别存在。不必担心用户联合体组建起来后会被其他友商挖走，如果能被别人挖走，说明农财购作为一个知识型电商平台，在专业上尚未具有不可替代的水平，也未能做到让用户的总成本更低。在这种情况下，农财购应该做的，是练好内功，而非杞人忧天。

第五章

农业品牌观察

一、品牌农业"不可能三角"假说

20世纪60年代初，经济学家弗莱明和蒙代尔认为资本的自由流动、货币政策的独立性、固定汇率制三项目标中，一国政府最多只能同时实现两项。在经济学上，这个理论被称为"蒙代尔三角"或"不可能三角"。

在品牌农业领域，也存在一个类似的不可能三角，那就是大宗农产品产量增长、价格提升与快速动销之间，最多只能同时实现两项。其中的原因并不复杂，那就是大宗农产品的需求弹性普遍较小，在产量增长的情况下，如果还试图快速动销，只能以价换量，而不可能同时实现这三项目标。

尽管农产品需求弹性与消费者的需求程度、消费者收入、农产品的替代品数量与替代程度、农产品本身用途的广泛程度等多种因素相关，但在绝大多数情况下，对于大宗农产品来说，上述因素本身的稳定性较强，这就决定了农产品的需求弹性较小。对于某些不属于大宗农产品的小宗农产品而言，这些因素的可变程度可能会大一点，但由于小宗农产品对于农户的辐射面较小，原则上不属于政府扶持农业品牌培育的优先范围，因此不在本文的讨论之列。

如果这个品牌农业"不可能三角"假说能够成立，那么个别地方政府的某些做法就值得商榷，品牌农业扶持资金的投入方向也值得探讨。

品牌农业"不可能三角"假说图示

（一）品牌推广不能逃脱集中销售时量升价跌的魔咒

举个例子，梅州蜜柚的行情，从2018年起每年都下了一个台阶，这个价格变化所对应的时间区间与政府支持梅州柚品牌培育的行动几乎完全同步。从表面上看，财政资金对于品牌推广的投入非但没有起到提振农产品市场行情的作用，反而出现政府越增加投入，农户越减少收入的现象。原因何在？政府投入品牌培育资金的出发点不容置疑，如果不是政府从前几年就开始加大品牌推广方面的投入，这几年的蜜柚行情恐怕会更加惨淡。蜜柚行情低迷的根本原因还是市场供过于求，品牌推广拉动的消费需求远远不能消化这几年的供应增量。从2010年起，梅州蜜柚开始出现逐年走高的行情，到2016—2018年行情达到阶段性的顶点，这三年红肉蜜柚每千克统收价格普遍达到4 ~ 5元，白肉蜜柚每千克也接近4元。随着蜜柚价格的节节走高，农户和投资者掀起了扩种的热潮，栽种之后通常3 ~ 4年开始挂果，大约在2019年，投产的高峰期来了，目前产能仍在持续的放大当中。与投产高峰期同步的，是蜜柚价格下跌，2021年红肉蜜柚的地头价最低时每千克已经跌到了2元左右，白肉蜜柚每千克则跌破了1.2元。

梅州蜜柚历年种植面积、产量与价格变化趋势
数据来源：媒体公开信息整理。

除了梅州蜜柚的产量剧增之外，还有一个影响梅州蜜柚行情的关键因素——福建平和蜜柚的上市时间几乎每年都往前赶，试图分享中秋节前上市价格相对较高的红利。平和蜜柚本来比上市最早的梅州蜜柚要晚1个月左右，但经过种植管理技术的改良以及受近年来气候因素的影响，上市时间逐年提前，目前两地之间的时间差已缩短到半个月左右。这种扎堆上市的行为，对梅州蜜柚的行情造成了直接冲击。为何平和蜜柚要抢早上市？其实还是因为全国市场一盘棋，由于供大于求，近年来平和蜜柚的行情也是节节走低。

由于蜜柚的产量相对于消费需求出现过剩，年纪大的柚农干脆弃管，需要维持生计的则改种其他品种。从2019年起，梅县的蜜柚种植户就出现了大规模改种沙田柚的情况。据了解，仅梅县蜜柚改沙田柚的面积就在1万亩以上。在常温下，蜜柚能存放10～15天且基本不改变品质，这在生鲜中已经属于"很能打"的，但沙田柚能存放两三个月甚至更久，其存放时间远长于蜜柚，这就意味着沙田柚对于快速动销的要求不高，供求双方之间对于价格的分歧可以获得一个较长时间的动态博弈空间。

（二）品牌培育资金应投入销售持续期较长的特色产业

荔枝是目前广东最重要的特色经济作物，面积、产量与产值均居全国第一，品种丰富多样，种质资源在全国乃至国际上都堪称独树一帜。广东荔枝不仅栽培历史悠久、栽培技术先进，科研队伍与研发实力在全国乃至国际上也是最强的，在营养诊断、平衡施肥、病虫害预测预报、果园标准化、机械化管理及专业化、社会化服务等方面的综合能力，支撑着荔枝种植管理技术不断变革。广东荔枝主要分布在茂名市、阳江市、广州市、惠州市及汕尾市等地区，消费品种层次较多，主流产区特色较强，区域分布跨度较广，上市时间持续较长。这些优势是全国其他荔枝产区，如海南、广西、福建、云南、贵州和四川等地所不具备的。

近年来，广东荔枝品牌的培育，相对其他产业来说是比较成功的。成功的原因众说纷纭，这里不一一列举。如果从品牌农业"不可能三角"假说的角度分析，就是在荔枝总产量变化不大

（最近几年可谓大年不大，小年不小）的情况下，从粤西到粤东形成了梯次上市——从开始到结束有2个多月的总销售期，避免了类似梅州蜜柚一拥而上导致价格踩踏的窘境。即使出现明显的大年现象，如果各类主体在品牌推广、产品保鲜、冷链物流等方面的组合措施得力，成功化解荔枝上市洪峰的可能性也会大于无法错峰上市的梅州蜜柚。当然，供应量猛增的情况下不能要求快速动销，否则在销售期限的压力下，大年的荔枝行情也难逃梅州蜜柚的命运。

在不采取保鲜措施的情况下，荔枝的保鲜期远远短于蜜柚，这看似是一个明显的短板，但荔枝由于存在不同品种和不同区域的上市档期差异，近年来又有大量冷库和冷链等设施投入使用，因此，在每一个细分的特定时段，广东荔枝的供应量都不会显得特别巨大，加上品牌推广等系列配套工作比较得力，售价保持稳定甚至稳中有升是完全有可能实现的。这里说的可能性，是指客观上存在的市场空间相对较大，且上市期相对较长的情况下，如果工作方向、方式、方法对路，那么主动作为的成功概率将会更大，而不是认为荔枝产业有"躺赢"的机会。

（三）品牌培育资金扶持的产业应具备的特征

对于品牌培育方面的财政资金来说，扶持某个农业产业必须使该产业的单位面积或空间产值增加，并且产值的增量要远远大于品牌培育所投入的资金。虽然品牌培育要长期坚持，久久为功，但倘若3～5年后还不能使产业效益取得一定的增值，该笔（系列）品牌投入经费的绩效就要被打上一个大大的问号。因此，对于应该扶持什么样的产业，不能不认真思考，审慎决策。在笔者看来，能得到品牌培育资金扶持的农业产业应该具备以下特征：

1.产业规模较大，从业者较多

这点不言而喻，只有规模大和从业者多，尤其是从业者相比其他产业更多，才符合财政资金让多数人而不是少数人受益的原则。至于多大面积才算大，多少人叫多，要由地方政府根据当地的实际情况做出判断，但具体到某个地方，某个产业是否属于大宗农产品，不难判断。

2.产品附加值较高

由于品质、供求关系、消费能力等多种因素的影响，产品附加值经常会出现波动，而且波动空间可能还挺大，因此对于产品附加值的高低，要通过一个较长的周期来观测分析，并且与产品生产成本相比较做出判断。一般来说，经济作物比粮食作物附加值更高，特色产业比常规产业附加值更高。

3.产业要有比较优势

根据经典的经济贸易理论，任何一个区域都会存在具有某种比较优势的要素或产业。具体到农业产业，这种比较优势，可能是特殊的生长环境，或者是更好的风味或功能，或者是更高的产量，或者是更低的成本，或者是更早或更晚的上市期，或者是拥有一个能迅速占据消费者心智的故事，等等。这种比较优势，能在面临同类产品竞争时拥有更为强大的壁垒和潜力。

4."不可能三角"中有两项可以同时实现

大宗农产品在产量增长、价格提升与快速动销三个方面中同时实现两项，既是产业发展的客观要求，也是从业者的主观期待。原因很简单，只有同时实现两项，该产业才能称得上强大，从业者才可能实现增收。但目前比较常见的是，在农产品销售期不能明显拉长的情况下，政府倾向于支持一个生产规模较大且处于扩张周期的产业，不是因为这样做是正确的，而是这样做是保险的——没有谁会反对政府支持本地规模靠前的产业。这样做往往是错误的，根本原因就是忽视了农产品需求弹性较小，而消费市场又不能同步增长的困境。因此，如果假定投入品牌培育资金是为了提高农产品的售价，那么在上市销售总时长基本不变的情况下，对处于生产扩张周期的产业就要审慎投入甚至不予支持，否则可能会吸引更多的场外资本投资这个产业，从而放大价格波动的幅度，延长产业出清的周期，这样就与财政资金的投入初衷背道而驰了。

二、岭南鲜品：敢领天下鲜

经过近几年的专项工作，广东农产品品牌培育的四梁八柱——即"两类三级"品牌体系已经搭建完成，并且在全社会初步形成了谈品牌、选品牌和买品牌的氛围。毋庸讳言，广东农产品品牌培育所存在的问题也比较突出，主要体现在以下几个方面：一是在推介广东农产品时，推介的到底是什么？是推介一个个具体产品，还是推介"广东"形象？也就是说每个产品的特殊性和作为"广东"品牌的普遍性有无做到统一？广东农产品品牌的魂找准了没有？二是广东的农产品种类繁多，对外推介时能否优中选异，做到具有"广东"特色的差异化？因为没有差异化就不能称之为品牌。三是推介的对象应该聚焦哪些人群？以何种形式通过哪些渠道触达这些人群？

（一）广东特色农产品的品牌定位

笔者认为，广东农产品品牌推介接下来的工作，可以着重从以下几个方面入手：首先是提炼和设计广东农业的公共品牌形象。广东省，有粤、南粤、岭南等称呼，广东这个名称在消费者中的印象更多是工商业文明、经济强省，而粤、南粤只是一个简称，本身没有什么内涵，让消费者产生不了多少联想。相较而言，岭南两字在中国人的心目中，主要与农业文明联系在一起，有大量的诗文记载五岭以南的气候四季如春，大江大海、深山老林特别适合万物生长，时刻都有产出。因此，如果要提炼广东农业的公用品牌，用于概括区域的文字，"岭南"更胜"广东"一筹。确定了区域之后，接着是提炼品牌具有的共同特征和调性。广东人的饮食强调一个"鲜"字，这是广东农产品最突出的特点和最大的公约数，无论是食材选择、烹饪方式，还是饮食习惯，皆强调新鲜、原汁原味。

综上，"岭南鲜品"（或者叫"岭南鲜"）可以考虑作为广东整体的区域公用品牌，而且岭南和鲜品不是机械地组合在一起，恰恰相反，岭南为鲜品提供了气候、物候和文脉方面的支撑，鲜活是岭南食品留给国人最深刻的印象。品牌口号，可以考虑用"敢领天下鲜"。中国改革开放已经40多年，广东是改革开放的前沿阵地，"敢为天下先"的形象为国人熟知，如果在此基础上将"先"改为"鲜"，一是阐发了岭南鲜品的内涵和定位，二是借用已知的口号，大大降低了推广传播的成本。

（二）岭南鲜品的产品、消费群体与渠道特征

如果"岭南鲜品"得以成立，那么第二个问题，即重点推介哪些差异化的产品也就有了答案。广东的物产极为丰富，不一定所有的产品都符合鲜品的特征（不过，即使是不以新鲜为卖点的产品，如腊味，广东的产品也比其他地方的要鲜美），所以在品牌塑造和推广的初期，对产品的选择要有所取舍，不符合鲜品特征的产品暂不纳入推介范围，加上考虑到"人无我有"的差异化，更需要精挑细选，突出广东特色。例如，梅县金柚、茂名荔枝、德庆贡柑、中山脆肉鲩、清远鸡、徐闻菠萝、郁南黄皮、罗定大米、英德红茶、潮州单丛等，这些产品既有鲜品特征，又有强烈的差异化，能惠及人数众多的农户，应纳入对外推介的重点目录，而不宜平均用力，眉毛胡子一把抓。在产品形态为鲜品的区域公用品牌基础上，再精选出产鲜品的经营专用品牌对外推介，让那些勇于开拓创新、带动能力较强的企业能够脱颖而出。

第三个问题，推介的对象应该聚焦哪些人群？以何种形式通过哪些渠道触达这些人群？三个问题中，只有这个问题得到解决，才能真正打开市场，创造效益。展开来说，如果品牌、产品都定位于鲜，那么人群和渠道也要定位于鲜，紧扣鲜字，一以贯之。其实，这几个鲜本来就是一体的，新鲜人群确实更钟爱新鲜食物，青睐新鲜渠道。什么是新鲜人群，字面意思指年龄较轻、学历较高，更重要的是品牌意识具有可塑性，对价格不太敏感。因此，那些品牌意识不强、对价格敏感的人群不应成为上述品牌推介的重点对象。

什么是新鲜渠道？肯定不包括针对B端（企业或商家）的批发市场，也肯定不是以老人为购物主力的社区农贸市场。考虑到品牌培育的前瞻性和长期性，品牌推介的对象可以适当下移，比如以农业科普的方式进入中小学课堂，这有助于树立未来消费者的品牌意识；让大学生代言来自家乡的农产品，也是同样的道理，通过他们影响他们的朋友圈——即将成为社会消费主力军的年轻人。在渠道方面，这几年尝试以名特优新产品整体入驻电商平台的方式进行推介，这方面还有很大空间，如果能入驻100个

以上的电商平台，将广东"两类三级"品牌的农产品集体入驻，并打上"岭南鲜品：敢领天下鲜"的推广口号，将会形成良好的品牌效应。对于这些平台的入驻费用，政府可以对入驻的供应企业进行补贴以示支持，或者根据销售额对供应企业给予奖励以减轻企业负担。线下方面，可以尝试结合新零售，进行整体入驻推介。另外，城市住宅小区的团购"团长"，也是值得开发的"新鲜渠道"，他们所代表的市民购买力和品牌意识很强，复购率及对区域品牌产品的认同程度也较高。

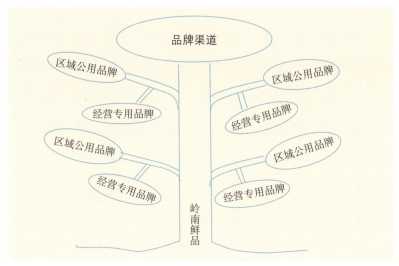

广东农业品牌树形图

总之，在品牌推介费用有限的情况下，应该聚焦广东的差异化和特色产品，对品牌、渠道、消费者和市场进行重新定位，然后一以贯之，持续做上5～10年，届时必将有一番新的景象。

（三）岭南鲜品的品牌推介路径

对于品牌推介路径，可以作如下分解：

（1）品牌推介的重点应该是区域公用品牌。无论是从财政资金的属性和目标来说，还是从惠及最广大农户的角度而言，品牌推介工作的重点都应该是区域公用品牌，经营专用品牌只有附载在区域公用品牌上，才能得到政府专项资金的支持。至于经营专用品牌和区域公用品牌之间的关系，政府部门的有关文件中已有相关说明，不再赘述。

（2）**区域公用品牌推介的重点，应该是具有广东特色且产值达到一定量级的区域品牌。**这样既能代表广东的形象，又能惠及更多的农户。可以考虑，从300多个区域公用品牌当中，精选大约100个有特色、有产值并且有龙头企业带动的区域品牌，每年对外推介大约30个，用3年时间全部完成。如果3年后，这100个区域公用品牌的总产值、市场份额得到了较大幅度提升，如提升30%以上，则说明这个策略是成功的。

（3）**对外推介区域公用品牌时，重点推介纳税能力强、带动能力强的经营专用品牌企业，5 ~ 10家即可。**从政府—企业—农户的关系出发，考虑到财政资金的属性，政府的相关经费应该直接支持农户，但现实是农户往往缺乏品牌推广能力，导致资金使用效能较低。可以考虑支持纳税能力强、带动能力强的龙头企业，这些企业具有一定的外部性，能惠及跟企业合作的农户。

（4）**推介区域公用品牌中的龙头企业时，应优先考虑线上渠道和新零售渠道。**一般来说，一个企业之所以能成为龙头企业，在传统销售渠道方面可能已经有一定的布局和成绩，而若要继续扩大它的市场份额，则必须占领新渠道——各种线上渠道和新零售渠道，比如入驻100个电商平台和100个新零售店面。为了鼓励这些企业进入新渠道，政府可以借助专门的第三方帮助这些企业进驻，并补贴入驻费用。

（5）**向新鲜人群这类消费者推介时，应更加注重农产品之外的文化、情感、科技、时尚等元素的表达。**在营销主线方面，策划以消费者为中心的20个节庆营销活动，特别是利用好已有的能让消费者产生情感共鸣的节庆，而不是以产品为中心去推介。农业供给侧结构性改革，更多的是由消费端倒逼引起的。以农产品为例，消费端已经在变化，供给侧如果固守物美价廉、性价比高等产品本身的特质，而不去开发和传递消费者愿意付费的产品附加值，如文化、情感、科技、时尚等元素，则行之不远。当然，让消费者参与、互动、分享的工作，有相当一部分要交给新型渠道去完成，采取新鲜人群所喜闻乐见的视频、直播等形式，一方面发放消费券促进消费，另一方面则按平台销售额对销售渠道进行奖补等。

品牌推介行动

工作内容	重点	数量	政府支持
广东品牌推介	区域公用品牌	100个，每年30个	专项经费，按产值
区域公用品牌推介	经营专用品牌的龙头	5～10家	专项经费，按纳税
渠道对接	线上渠道、新零售	各100个	补贴入驻费用
消费者推介	文化、情感等附加值	以消费者为中心的20个节庆营销	消费券

三、农业扶贫的品牌化路径探索

在中国脱贫攻坚战取得全面胜利的历史篇章中，产业扶贫写下了浓墨重彩的一笔，其中品牌农业以其扎根农村的原生性、对农户的亲和性以及脱贫的有效性，成为产业扶贫的一抹亮色。广东梅州松口镇驼娘柚扶贫产业园就是品牌农业扶贫的一个典型样板。

梅州市梅县区是"中国金柚之乡"、全国最大的柚类商品生产基地，柚子产业是当地农村的主要经济支柱。梅县区松口镇是柚子种植大镇，种植面积大约8万亩，占整个梅州市柚子种植面积的10%以上。这8万亩柚子，以蜜柚为主，占60%以上。总体来说，松口蜜柚的品质在梅州是最好的，沙田柚的品质也位居前列。松口镇几乎家家户户都种柚子，但种植水平参差不齐，除了有梅州柚、梅县金柚这两个区域公用品牌之外，缺少企业品牌和产品品牌带动，销售只能随行就市，在收购商面前没有话语权，当市场行情波动时也缺乏应变能力。

松口镇有900多名贫困群众，绝大部分是因病、因学致贫或返贫的，也有一些是无子女的五保户。如何帮助他们脱贫，松口镇党委政府想了很多办法，其中一个办法就是结合当地的优势产业，通过品牌引领，推进产业扶贫。

（一）驮娘柚扶贫产业园的做法

为提高新时期扶贫开发资金的使用效益，帮助有劳动能力的贫困户增强创收能力，松口镇在梅县区委区政府的领导下，立足本土特色优势资源，以柚果为支柱产业，将精准扶贫、精准脱贫与发展特色产业相结合，以产业扶贫为抓手，与新农财、梅州市农管家农业服务有限公司共同合作成立驮娘柚扶贫产业园，该产业园集贫困户农事服务队就业指导服务中心、贫困生实习就业培训基地、金柚种植培训中心、驮娘金柚专业合作社、驮娘柚扶贫电商销售中心于一体。

驮娘柚扶贫产业园把松口镇39个非重点村的185户贫困户共610人纳入品牌农业发展体系，联合社会力量共同发起成立松口镇扶贫济困基金会，全力帮助贫困户脱贫致富，推动贫困户"一个不掉队"地跟上奔小康队伍。

"驮娘柚"精准产业扶贫市场化运作模式参见第三章（p51）。"驮娘柚"扶贫产业园具体运作模式包括：

1.产业化经营，多元化发展

扶贫产业园项目位于松口镇铜琶村，占地面积约1 100亩，目前种有柚树20 000多株，项目实施期第一期的6年内（2017—2023年），主要发展柚子种植和农产品销售，带动各项扶贫产业帮扶子项目，并实施培训和就业工程，产业园发展所得收益和参与扶贫产业园的贫困户分享。

扶贫产业园以柚果产业为主导，实行"企业＋合作社＋贫困户"的产业精准扶贫模式，进行集约化经营，政府通过统筹精准扶贫开发专项资金代表贫困户入股产业园，并给贫困户分红，实现"产业脱贫"；产业园以订单为联结，由合作企业和贫困村、贫困户签订农产品购销协议，松口镇各贫困村的贫困户按照合作企业要求，提供生态优质农产品，由合作企业保底收购和统一出售，达到双方的合作共赢，实现"订单脱贫"；以技能为支撑，由参与扶贫合作企业根据产业园业务需要对贫困户进行技能培训后签订用工合同、安排上岗就业，在产业园获取劳务收入，实现"技能脱贫"。

2.分享产业收益，助力贫困户脱贫

扶贫产业园项目实施第一期的6年时间内，松口镇政府投入产业扶贫资金500万元，对松口镇39个非重点村的贫困户185户共610人实施产业扶贫，扶贫资金年分红比例不低于8%，每年贫困户仅分红一项人均收益就有656元。随着这项收益的刚性兑付，加上贫困户到扶贫产业园就业的收入，基本可以确保贫困户脱贫，并且截至2020年底，这610位贫困群众均成功脱贫。这种合作模式，既保障了扶贫资金的安全，又确保贫困户能如期脱贫。

3.开展技能培训，解决贫困户就业

扶贫产业园每月定期开展技能培训，通过与新农财、梅州市农管家农业服务有限公司等农业企业合作，提高贫困户的劳动技能，增加贫困户的就业竞争力。扶贫产业园组建了一支由参加过技能培训且考核合格的贫困户为主体的农事服务队，企业优先安排农事服务队成员到产业园进行农事服务，如除草、剪枝等，并给予他们相应的劳动报酬。扶贫产业园还为贫困户提供电商方面的就业机会，如挑果、清洗、装箱、打包等。这些工作项目，一方面为贫困户提供了劳动增收机会，另一方面提高了他们的生存技能，为造血式扶贫夯实了能力基础。另外，还为贫困户子女提供实习和就业岗位，对贫困户子女是大学生的优先安排实习、假期务工和毕业就业岗位，解决贫困户子女就业难问题。项目开展期间，每年开展贫困户培训12次，培训数量超过1 000人次，劳务输出超过1 000人次。

4.成立合作社，集约化经营管理

"驮娘柚"是植根于松口镇的一个柚类品牌，是新农财根据松口镇的一个真实故事挖掘创立的，品牌内涵是孝义文化，在与精准扶贫结合后，品牌定位由孝敬长辈的小爱上升为帮扶贫困户的大爱。为发挥"驮娘柚"的品牌效应，在产业园的推动下，一些柚果种植大户联合成立了驮娘金柚专业合作社，引导各村贫困户发展柚果种植，由产业园为贫困户提供优质优惠的种苗、肥

料、农药等生产资料。为确保农产品质量，产业园对贫困户柚果生产给予全程指导，并由驮娘金柚合作社进行统一收购和销售。

5.成立扶贫济困基金会，建立脱贫长效机制

新农财联合社会力量共同发起成立松口镇扶贫济困基金会，基金会所募集的资金主要用于松口镇扶贫脱贫事业，如贫困助学、扶残助弱、节日慰问等，并建立脱贫长效机制。基金会的公益基金主要来源于以下几个方面：一是合作企业在扶贫产业园运营期限内，以电商平台在线销售"驮娘柚"件数为准，每售出一件（2枚装）产品提取一元人民币投入扶贫济困基金会。二是其他爱心企业、慈善家的农资捐赠和资金捐助。在项目实施第一年的2017年10月30日，该扶贫济困基金会就获得受赠资金46 743元，获赠农资价值68 000元。

（二）品牌农业扶贫的特点

驮娘柚扶贫产业园的帮扶实践，充分体现了品牌农业扶贫模式的几个特点：一是品牌农业扶贫与当地的优势产业相结合，与贫困户和普通农户既有的生存技能相关，让贫困户有存在感；二是贫困户可以通过加入驮娘金柚专业合作社或其他方式参与产业园运营的各个环节，让贫困户有参与感；三是举办面向贫困户及其子女的培训、实习等活动，让贫困户有获得感；四是设立扶贫济困基金会等长效型的救济机构和救助机制，在政府层面之外加上社会层面的"保险圈"，让贫困户在扶贫队伍撤出之后仍然拥有安全感。

综上所述，驮娘柚扶贫产业园的运作之所以能取得实效，主要是以品牌价值为纽带把农户、消费者和政府及各种社会资源连接起来，并通过合作企业完成了农户产品与消费市场的对接。从"驮娘柚"品牌的运作实践来看，品牌农业对于产业扶贫具有如下功能：

1.品牌农业能通过正向反馈提升贫困户的造血能力

农产品需求弹性比较小的规律，决定了只有品牌农业才能摆脱同质化竞争，避免低质量的价格战。"驮娘柚"这个品牌，经过从2016年起连续几年的营销，已经成为梅州柚的一线品牌，特

别是线上销量在梅州柚中位列前三，而且还是在"驮娘柚"销售价格远超其他品牌的情况下实现的。这样就有可能形成一种正向反馈，符合品牌标准的"驮娘柚"可以卖出好价格，企业在向农户收购柚子时就能多支付一点，农民就有动力提高种植技术，提升柚子品质。这个正向反馈形成后，就能提高贫困户的生存能力，促进造血而非输血式扶贫。

2.品牌农业全过程能为贫困户创造就业机会

品牌农业以其农产品价格的相对稳定性，一方面可以支撑市场主体进行横向的规模扩张，另一方面在条件允许的情况下能够延伸产业链，从而创造更多的社会化就业机会，这些就业机会可以优先提供给贫困户。以柚果产业为例，从上游的种植到下游的电商销售，能为贫困户提供短期工作机会的岗位有摘花、剪枝、采果、挑果、洗果、打包等，其中有部分岗位能让他们接触新生事物，增长新本领，比如电商发货的过程对一般贫困户来说就包含了很多新知识和技能。让贫困户有业可就，这不仅能帮他们增加收入，还能提升自信心，让贫困户感到自己对社会有价值，通过自食其力就能实现脱贫。

3.品牌农业能整合各方资源获取外界支持

驮娘柚扶贫产业园整合了政府、媒体、企业、种植户、社会贤达、消费者、贫困户等多方资源，之所以能整合这些资源，一方面是大家对于扶贫事业，愿意尽心尽责或出钱出力；另一方面大家对能参与和见证一个自己认可的农业品牌的成长，且其成长能有效地带动产业扶贫，与有荣焉。由于以上原因，加上新农财承诺"每销售一对柚子就捐出一元钱给扶贫济困基金会"，各方支持起来毫无保留——政府领导亲自转发驮娘柚众筹的链接，媒体对驮娘柚扶贫产业园开摘活动和捐赠仪式大力报道，包括松口乡贤在内的各界人士纷纷为"驮娘柚"众筹代言，形成良好的营销氛围。

4.品牌农业能为贫困地区培养本土化人才

由于品牌农业是基于第一产业延伸产业链，需要以产区为根据地来开展业务，在产业链的运营过程中必然伴随着对本土化人才的培养，甚至会吸引知识青年返乡创业，从而产生外部效应。

驮娘金柚专业合作社的电商运营，带动了周边村庄的一批柚农从事电商销售。"驮娘柚"品牌化操作使柚子售价远超当地同类产品的故事，更是吸引一部分有见识的青年回到家乡创建自己的品牌。对品牌农业的落地运营方来说，由于品牌农业拓展了其工作视野，延伸了业务范围，提升了业务技能，增加了工作收入，使得他们对于职业的预期更为稳定，更加愿意扎根在产区，为产业的发展提供服务。无论是生产环节还是服务环节的本土化人才成长起来后，都将进一步助推这个产业发展升级，不至于在扶贫队伍撤出后出现产业发展偃旗息鼓的局面。需要指出的是，这是基于本土已有一定根基的产业品牌化运营所产生的效应，对于移植的产业未必有这个效果。

5.品牌农业具有让贫困户感到亲近的原生文化价值

产业扶贫对于贫困户精神层面的影响，无论是政府还是民间，均对此研究不够。长期以来，只要一谈到扶贫，就是上项目、搞工程，很少考虑新上产业与农村既有产业的相关性、协调性和联动性，基本都是凭空移植一个产业。由于这个产业与当地贫困村的弱相关性，一旦扶贫机构撤出贫困村，就面临着产业无人运营甚至不得不"熄火"的风险，更危险的是可能会带给贫困户精神方面的挫伤——一个无法让他们融入的产业，不能赋予他们对于社会的价值感。品牌农业是根植于当地已有一定根基的产业，贫困户对其不会有排斥感和疏离感，更不会有无法参与所致的无力感和紧张感，这种精神文化上的价值在今后的乡村振兴工作中，值得政府、社会和企业更加重视。

（三）品牌农业扶贫的条件

从市场经济体系的角度分析，品牌农业助力扶贫是通过品牌农业的运作，将贫困户带进现代市场体系，让贫困户在专业化分工的市场体系中找到属于自己的位置，体现自己的价值。影响贫困户收入的原因多种多样，但从市场交换的角度解释，原因只有一个，就是贫困户的产品没有进入市场或者是进入了市场却没有获得应有的价值。对于这个问题的解决，发展品牌农业是一条非常合适的路子。

发展品牌农业的条件是什么？如何才能帮助贫困户对接市场使其产品实现增值？从驮娘柚扶贫产业园的运营实践来看，需要具备如下几项基本条件。

1. 有具备策划和经营能力的市场化主体带动

新农财和梅州市农管家农业服务有限公司这两个具有产业链运营能力的市场化主体，在驮娘柚扶贫产业园的运作中发挥了中坚作用。新农财负责"驮娘柚"品牌的策划和运营，以及农产品的线上销售；梅州市农管家农业服务有限公司负责服务广大柚子种植户，向柚农提供技术指导和供应农资农具，为柚果品质标准化提供支撑。梅州市农管家农业服务有限公司扎根在松口等柚子种植大镇，拥有2 700多户柚子种植户会员，其中核心会员有七八百户，以农科院校毕业生为主体的员工为会员提供全程服务，实现了服务能力的规模化。新农财与梅州市农管家农业服务有限公司分工合作，协同运营从种植到销售的产业链条，提供系统的产业链服务。这种系统的产业链服务，贯穿了一二三产业，既有种植业，也有简单的加工业，还包括电商销售在内的服务业，拉长了产业链，延伸了价值链，引入了新业态，创造了新价值，符合现代化的市场体系特征。

2. 发展品牌农业需要政府的推动

在中国当前的社会经济条件下，政府在品牌农业发展中起着重要的推动作用。近年来，品牌农业发展逐渐升温，这既是消费升级牵引和倒逼生产端的必然结果，也是发展地方经济、振兴乡村产业的有力抓手。对于地方政府来说，基于当地的特色产业资源，做强做大本地的优势产业，带动农户增收，是比较便捷也较为可行的路径。对于已是区域公用品牌的某种农业产业来说，当地政府更有动力将扶贫与优势产业结合起来，这有两方面原因：一是从风险评估的角度看，通过区域品牌农业带动农户增收，相比引进一个新的产业风险更小，这里所说的风险不仅是指经济方面的，还包括社会和政治方面的风险，比如引进新产业失利导致贫困户投诉以及上级政府问责；二是从收益评估的角度看，由于外来资源的介入和整合，当地的优势产业可能因此升级，升级带来的收益增值部分如果能够帮助贫困户脱贫，这对政府部门来说就足够了。对于压力型体制下的地方党委政府主官来说，特别是在脱贫任务成为否决项的情况下，他们如何选择精准脱贫的产业和路径是一个需要反复权衡的命题，选择风险系数高的产业，哪怕只是表面看起来风险系数较高，也不容易获得通过。

有一点需要补充，随着政府购买第三方服务逐渐形成趋势，在扶贫领域引入第三方力量合作扶贫的现象也逐渐增多。在驮娘柚扶贫产业园的案例中，松口镇党委政府的服务意识很强，主动引入具有经营能力的市场化主体合作，共同推进产业扶贫。

3.发展品牌农业需要有一个能吸纳贫困户的组织

无论企业还是政府，跟众多的贫困户打交道，都存在交易成本过高的问题，所以成立由贫困户参与的组织很有必要。在这个案例中，有驮娘金柚专业合作社这个吸纳贫困户的组织，通过这个组织，品牌农业的运营方与贫困户打交道时效率较高，成本较低，能更好地实现运营目标。需要指出的是，成立贫困户参与的组织，与精准帮扶的要求并不冲突，一个类似贫困户共同体的组织，可以最大程度地减少贫困户在对外合作过程中的信息不对称，方便产业扶贫的协调推进，有利于精准扶贫成效的实现。这类组织还具有心理和精神调节方面的功能，贫困户在与扶贫干部打交道时一般为弱势心态，即使个别人表现出向政府过分索要财物的情况，也是为了掩饰这种弱势；而当贫困户之间互相交流时，这种平等的心理状态可以帮助他们正确认识和评估相关的事物。

（四）在乡村振兴战略下审视品牌农业扶贫

在发展品牌农业参与扶贫的过程中，新农财也遇到了一些问题，例如个别贫困户"等靠要"的贫困意识严重。面对贫困，他们习惯了"等靠要"，不想追求生产技术的提高，也不愿从事短时的劳务就业，只是伸手向政府要钱要物，把脱贫致富完全当作是政府和基层干部的事。如何激发贫困户的内生动力，提高贫困户自我发展的能力，不是本文写作的重点，在此不展开讨论。

在参与产业扶贫的过程中，品牌农业的运作存在一些具有自身特点的局限和问题。

一是政府官员的品牌推广意识有待提高。品牌农业的市场化成效，与品牌推广的力度呈正相关关系。以驮娘柚扶贫产业园为例，产业园所在的松口镇干部推广意识尚可，其中镇主要领导还带头推广扶贫产业园新闻报道和驮娘柚众筹链接，但也有部分干部不愿进行推广。按照"驮娘柚"品牌推广的设想，首先是新闻媒体报道，由政府工作人员转发，再请乡贤代表代言，通过代表区域公信力的精英人士逐层向外传播，并借助他们的关系链将有关内容扩散到更大的范围。由于部分镇干部未参与推广传播，导致运营方所预期的指数效应并未出现。这在服务意识较强的广东尚且如此，如果这种模式扩展到官本位意识浓厚的其他地区，项目效果将大打折扣。

二是农产品品牌拉动产业链的力度还比较有限。有宏观和微观两个层面的原因。从宏观来看，虽然国内品牌农业的发展势头很猛，但其市场份额仍然偏小。对主产区来说，期望个别品牌的发展迅速拉动整个主产区的同类产品大幅增值，目前还不现实，这个问题要靠农业供给侧结构性改革来解决，也要靠注重品牌意识的年轻世代成长为主流消费人群来消除。从微观层面看，暂时找不到大量具有一定策划和经营能力的市场化团队来操盘品牌农业，当前这种系统化服务能力的供给在市场中严重不足，而这类团队的成熟周期由于实战的要求又比较漫长。

三是扶贫责任部门尚未形成对这种扶贫新模式的共识，更未做好投身其中的各种准备。品牌农业扶贫是一项新生事物，其成效尚未得到完全验证，加上扶贫责任人要承担所扶贫区域和贫困户限期脱贫的任务，往往倾向于搞短平快项目，不愿意规划和推进农业产业，特别是需要做长功和慢功的品牌农业。这个问题的解决，不能期待考核部门在扶贫考核指标方面简单地松绑，或转变考核导向，因为这种改变必然会带来新的问题，甚至更为严重的问题。比较可行的做法，是加强宣传力度，扩大传播范围，让扶贫干部可以及时共享品牌农业扶贫的优秀案例，从而增强他们的信心，引导他们利用品牌农业助力精准扶贫。

党的十九大提出了乡村振兴战略，并在十九大报告中指明了乡村振兴的路径：要坚持农业农村优先发展，按照产业兴旺、生态宜居、乡风文明、治理有效、生活富裕的总要求，建立健全城乡融合发展体制机制和政策体系，加快推进农业农村现代化。

二十字总要求中的第一句，从之前的生产发展改为如今的产业兴旺，这里面蕴含着深刻的变化。之前的论述将农村的产业限定为第一产业，因此要求是生产发展；而产业兴旺的表述，则让农村产业的内涵大为拓展，既包含了基于第一产业的产业链延伸，也包含了乡村多种产业形态的融合。这种表述的变化，既是回应近年来农村新业态不断涌现，农业产业链自然延伸，农民增收新渠道持续拓展的现实，又体现了政府对这些新变化中的积极因素予以巩固、发展和提升的要求。

一二三产业融合，自然是以品牌农业为基础。如果是农村多种业态的有机融合，其中的农业也具有自己的品牌，哪怕只是农户的个人品牌。因此，在乡村振兴战略的大背景下，品牌农业的地位将更加凸显，这不仅关系到精准扶贫成果的巩固，更关系到农村居民的共同富裕。

从精准扶贫到乡村振兴，这种战略的演进隐含了品牌农业发展的进化之路，即从一种策略性的工具逐步转变为大战略不可分割的组成部分，从精英人士作为带头人的明星式样板变成千家万户平民化的日常操作。这也指明了品牌农业发展的出路，即由少数有策划和经营能力的市场化主体主导品牌农业的发展，逐步转变为乡村地区千千万万个小微市场主体自主运营，从而让更多农户掌握品牌农业运营的精髓，分享品牌农业发展带来的增值。

更为重要的是，这将为农村的组织形态带来结构性的变化。乡村地区中的品牌农业运营者周围，将会聚集越来越多的同类产业从业者，或是与品牌农业运营者形成产业互补的市场主体。他们联合而成的组织，可能是农民专业合作社，也可能是与合作社不一样的组织形态。如果是农民专业合作社，由于他们所从事产业的实体性和利益的一致性，对目前一些合作社徒有其表的现状将会带来明显的改善；如果不是目前的合作社形态，则要求政府给予引导和支持，有可能为乡村振兴中"五个振兴"之一的组织振兴带来生机。

参考文献

阿克,2005.品牌组合战略 [M].雷丽华,译.北京:中国劳动社会保障出版社.

艾·里斯,杰克·特劳特,2017.定位:争夺用户心智的战争(经典重译版)[M].邓隆德,火华强,译.北京:机械工业出版社.

艾·里斯,劳拉·里斯,张云,2019.21世纪的定位:定位之父重新定义"定位"[M].寿雯,译.北京:机械工业出版社.

奥格威,2008.一个广告人的自白 [M].林桦,译.北京:中信出版社.

奥美公司,2006.奥美观点精选(品牌卷)[M].北京:中国市场出版社.

陈春花,2012.经营的本质 [M].北京:机械工业出版社.

戴维·阿克,2014.品牌相关性:将对手排除在竞争之外 [M].金珮璐,译.北京:中国人民大学出版社.

蒂尔,马斯特斯,2015.从0到1:开启商业与未来的秘密 [M].高玉芳,译.北京:中信出版社.

傅泽田,张领先,李鑫星,2015.互联网+现代农业——迈向智慧农业时代 [M].北京:电子工业出版社.

龚焱,2014.精益创业方法论 [M].北京:机械工业出版社.

韩志辉,2007.创造附加值 [M].北京:北京大学出版社.

何天富,1999.中国柚类栽培 [M].北京:中国农业出版社.

侯建文,朱叶芹,2009.园艺植物保护学 [M].北京:中国农业出版社.

胡晓云,2013.品牌价值评估研究——理论模型及其开发应用 [M].杭州:浙江大学出版社.

胡泳,2007.张瑞敏谈管理 [M].杭州:浙江人民出版社.

华杉,华楠,2019.超级符号原理 [M].上海:文汇出版社.

黄兰,唐铄,徐杰鸿.2017.视觉传达设计专业教育研究与教学实践 [M].广州:暨南大学出版社.

霍尔库姆,2015.奥地利学派的大师们 [M].李杨,王敬敬,董子云,译.北京:清华大学出版社.

霍普金斯,2010.科学的广告 [M].邱凯生,译.北京:华文出版社.

杰克·特劳特,2017.显而易见:终结营销混乱(经典重译版)[M].邓隆德,火华强,译.北京:机械工业出版社.

凯文·莱恩·凯勒,2021.战略品牌管理(全球版)[M].4版.王海忠,陈增祥,译.北京:中国人民大学出版社.

凯文·希姆勒,罗宾·汉森,2020.脑中的大象 [M].王绍祥,译.北京:中信出版社.

科特勒,凯勒,2009.营销管理 [M].13版.王永贵,等,译.上海:格致出版社.

拉里·莱特,琼·基顿,2021.重塑品牌六法则 [M].陈建林,李婷,译.长沙:湖南科学技术出版社.

蓝云,左文明,2020.《电子商务法》解读与农业电商实务10讲 [M].广州:南方日报出版社.

劳拉·里斯,2016.视觉锤——视觉时代的定位之道 [M].王刚,译.北京:机械工业出版社.

黎万强,2014.参与感:小米口碑营销内部手册 [M].北京:中信出版社.

李光斗, 2019. 故事营销: 全新修订版 [M]. 2 版. 北京: 机械工业出版社.

里斯, 里斯, 2002. 打造品牌的 22 条法则 [M]. 周安柱, 译. 上海: 上海人民出版社.

里斯, 里斯, 2004. 公关第一, 广告第二 [M]. 罗汉, 虞琦, 译. 上海: 上海人民出版社.

里斯, 里斯, 2010. 品牌的起源: 品牌定位体系的巅峰之作 [M]. 寿雯, 译. 山西: 山西人民出版社.

娄向鹏, 2019. 品牌农业 3: 农产品区域品牌创建之道 [M]. 北京: 中国发展出版社.

伦纳德·蒙洛迪诺, 2018. 思维简史: 从丛林到宇宙 [M]. 龚瑞, 译. 北京: 中信出版社.

尤瓦尔·赫拉利, 2014. 人类简史: 从动物到上帝 [M]. 林俊宏, 译. 北京: 中信出版社.

罗伯特·J. 多兰, 赫尔曼·西蒙, 2010. 定价圣经 [M]. 董俊英, 译. 北京: 中信出版社.

马丁·林斯特龙, 2016. 感官品牌: 隐藏在购买背后的感官秘密 [M]. 赵萌萌, 译. 北京: 中国财政经济出版社.

马克, 皮尔森, 2003. 很久很久以前: 以神话原型打造深入人心的品牌 [M]. 许晋福, 戴至中, 袁世珮, 译. 汕头: 汕头大学出版社.

曼昆, 2003. 经济学原理 (上册, 下册) [M]. 3 版. 梁小民, 译. 北京: 机械工业出版社.

乔纳·伯杰, 2017. 传染: 塑造消费、心智、决策的隐秘力量 [M]. 李长龙, 译. 北京: 电子工业出版社.

乔纳·伯杰, 2020. 疯传: 让你的产品、思想、行为像病毒一样入侵(经典平装版)[M]. 乔迪, 王晋, 译. 北京: 电子工业出版社.

舒尔茨, 2005. 唐·舒尔茨论品牌 [M]. 高增安, 赵红, 译. 北京: 人民邮电出版社.

谭明详, 涂先智, 李雷鸣, 2017. 动画专业教育研究与教学实践 [M]. 广州: 暨南大学出版社.

唐·E. 舒尔茨, 等, 2015. 重塑消费者: 品牌关系 [M]. 沈虹, 郭嘉, 等, 译. 北京: 机械工业出版社.

特劳特, 里夫金, 2011. 与众不同: 极度竞争时代的生存之道 (珍藏版) [M]. 火华强, 译. 北京: 机械工业出版社.

叶茂中, 2007. 叶茂中的营销策划 [M]. 北京: 中国人民大学出版社.

张卫国, 陈明, 樊霞, 等, 2020. 产业崛起——兴业扶产实践与创新 [M]. 广州: 华南理工大学出版社.

张永诚, 1998. 事件行销100——造势成功的 100 个EVENT[M]. 广州: 广州出版社.

赵善欢, 2000. 植物化学保护 [M]. 3 版. 北京: 中国农业出版社.

赵义涛, 姜佰文, 梁运江, 2009. 土壤肥料学 [M]. 北京: 化学工业出版社.

中国柑橘学会, 2008. 中国柑橘品种 [M]. 北京: 中国农业出版社.

钟静, 2007. 经典广告案例新编 [M]. 北京: 经济管理出版社.

周鸿祎, 2014. 周鸿祎自述: 我的互联网方法论 [M]. 北京: 中信出版社.